PUBLICPRESS – Die Reiseführer mit der Sonne

INHALTSVERZEICHNIS

I) WILLKOMMEN AUF MALLORCA 4

- Meer und Berge 4
- Steckbrief 5

II) REISEVORBEREITUNG 6

- Die besten Reiserouten 6
- Übernachten 10
- Essen & Trinken 12
- Sport & Freizeit 14
- Praktische Reiseinfos von A bis Z 16

III) LAND & LEUTE 24

- Geschichte 24
- Kunst & Kultur 26
- Feste & Feiern 28
- Natur & Umwelt 32

IV) UNTERWEGS AUF MALLORCA 36

- **Palma** 36
  Palma S. 36
- **Serra de Tramuntana** 46
  Andratx S. 46, Valldemossa S. 49, Deià S. 51, Sóller S. 53, Pollença S. 56
- **Raiguer** 60
  Alaró S. 60, Binissalem S. 63, Inca S. 64, Sa Pobla S. 66, Alcúdia S. 69
- **Plà de Mallorca** 72
  Algaida S. 72, Montuïri S. 76, Muro S. 79, Petra S. 82, Sineu S. 85
- **Llevant** 88
  Artà S. 88, Capdepera S. 90, Manacor S. 93
- **Migjorn** 96
  Llucmajor S. 96, Campos S. 99, Ses Salines S. 102, Santanyí S. 106, Felanitx S. 111

V) WANDERN AUF MALLORCA 116

1. **Natur pur auf Sa Dragonera –**
   Schöne Naturerlebnistour (leicht, 7,9 km, 2:30 Std.) 116
2. **Zum Kloster La Trapa –**
   Wanderung mit herrlichen Ausblicken (leicht, 7,9 km, 3:00 Std.) .. 118
3. **Küstenwanderung zum Cap de Cala Figuera –**
   Traumhafte Buchten im Vogelparadies (leicht, 8,1 km, 2:30 Std.) . 122

MALLORCA

4 **Die Bucht von S'Estaca** – Kurze Wanderung zu einer
traumhaften Bucht (leicht, 6,3 km, 2:30 Std.) 126

5 **Rund um die Ermità de la Trinitat** – Wanderung mit herrlichen
Ausblicken auf die Küste (leicht, 2,5 km, 1:00 Std.) 128

6 **Rund um Bunyola** – Schöne Wanderung im Schatten alter
Steineichen (mittel, 12,3 km, 4:30 Std.) 130

7 **Durch die „Schlucht von Biniaraix"** – Erlebnisreiche Tour mit
traumhaften Ausblicken (mittel, 13,8 km, 4:00 Std.) 132

8 **Zur Cala Tuent** –
Herrliche Küstenwanderung (mittel, 10,7 km, 3:30 Std.) 134

9 **Zum Mirador Joachim Quseada** –
Abwechslungsreiche Rundtour (mittel, 11,8 km, 5:00 Std.) 138

10 **In die Schlucht des Torrent de Pareis** – Abenteuerliche
Wanderung durch die Schlucht (mittel, 4,7 km, 1:00 Std.) 140

11 **Gipfeltour auf den Massanella** – Tour mit atemberaubenden
Ausblicken (schwer, 15,9 km, 6:15 Std.) 144

12 **Rundwanderung um Lluc** –
Wanderung zum steinernen Kamel (mittel, 13,7 km, 4:15 Std.)... 148

13 **Der Klosterberg bei Pollença** – Imposantes Klostergebäude
und schöne Aussichten (leicht, 5,1 km, 2:15 Std.) 152

14 **Na Blanca und die Platja de Formentor** – Wunderschöne
Ausblicke vom Gipfel (mittel, 8,5 km, 3:00 Std.) 154

15 **Auf alten Wegen zur Cala Murta** –
Aussicht auf das Cap de Formentor (mittel, 9,5 km, 3:30 Std.) .. 156

16 **Par Natural de la Península** –
Runde im Nationalpark (schwer, 19,7 km, 6:00 Std.) 158

17 **Zum Torre d'Albarca** – Historische Highlights an der
Felsküste (leicht, 8,7 km, 2:30 Std.) 160

VI) RADWANDERN AUF MALLORCA.................. 162

1 **Von Sant Elm zum Kloster La Trapa** –
MTB-Tour auf Pilgerwegen (mittel, 9,7 km, 3:30 Std.) 162

2 **Von Peguera ans Cap de Cala Figuera** – Herrliche Radrunde
ans Cap de Cala Figuera (mittel, 50,9 km, 5:00 Std.) 166

3 **Von Esporles über Banyalbufar nach Port des Canonge** –
MTB-Tour durch den Wald (mittel, 18,7 km, 3:15 Std.) 170

4 **Downhill durch den Barranc de Biniaraix nach Sóller** – Schöne
Anstiege und eine rasante Abfahrt (schwer, 30,7 km, 5:00 Std.) .. 174

5 **Rund um Llucmajor** –
Panoramarunde um den See (mittel, 53,2 km, 2:00 Std.) 178

■ Kartenatlas 180
■ Register 190
■ Bildnachweis 191
■ Impressum 192

WILLKOMMEN AUF MALLORCA

Meer und Berge
Die Baleareninsel im Mittelmeer

Mallorca gehört nach wie vor zu den bekanntesten und beliebtesten Urlaubszielen im Mittelmeerraum. Nur zwei Stunden vom verregneten Zuhause entfernt locken warmer Sand und mediterranes Flair sonnenhungrige Urlauber auf die Baleareninsel. Seinen fragwürdigen Ruf als Partymeile für bierselige Low Budget-Touristen schüttelt Mallorca langsam ab.

Während sich die Mehrzahl der jährlich etwa neun Millionen Urlaubsgäste weiterhin am liebsten an Strand und Pool tummelt, möchten auch immer mehr Besucher die ganze Vielfalt der Baleareninsel kennenlernen: schattig-kühle Steineichenwälder im Hinterland, Täler zwischen zerklüfteten Felsmassiven und die Einsamkeit so manch versteckter Bucht. Die zahlreichen Facetten Mallorcas lassen sich schon beim Landeanflug erahnen: dicht bebaute Strandpromenaden in der Bucht von S'Arenal, die historische Stadtsilhouette von Palma, im Norden die steil aufragenden Berge der Serra de Tramuntana.

Historischer Dreh- und Angelpunkt

Neben ihrem landschaftlichen Charme macht sich auch Mallorcas bewegte Geschichte allerorten bemerkbar: Die Insel kann auf eine lange Tradition als Zentrum von Verkehrs- und Wirtschaftsbeziehungen zurückblicken. Schon Phönizier, Römer und Araber wussten die Lage Mallorcas für den Mittelmeerhandel zu schätzen und prägten so das Eiland. 1229 eroberte Jaume I., König

MEER UND BERGE

von Aragón, die Insel und läutete die Ära des Christentums ein. Kurze Zeit später legte er den Grundstein für die prächtige Kathedrale von Palma, die das Stadtbild am Hafen prägt.

Auf neuen Wegen

Während der vom Massentourismus ausgelöste Bauboom die meisten Küstenorte rasant verändert hat, nimmt gerade im Landesinneren das Bestreben zu, das ursprüngliche Gesicht Mallorcas zu erhalten. Viele Sehenswürdigkeiten der größten Baleareninsel sind heute sicherlich keine Geheimtipps mehr. Trotzdem lassen sich abseits der Besucherströme noch immer zahlreiche erholsame Plätze in großartiger Umgebung finden, an denen der Alltag schnell in Vergessenheit gerät. Im abwechslungs- und kontrastreichen Landschaftsbild aus glitzerndem Meer, bizarren Felsformationen, feinen Sandstränden und schattigen Steineichenwäldern liegt heute für viele der besondere Reiz Mallorcas.

▶ *Die alte Stadtmauer in Alcúdia.*

STECKBRIEF

Lage:
▶ Zwischen 39,6° und 39,2° nördl. Breite und 2,2° und 3,3° östl. Länge
▶ Etwa 170 km vom spanischen Festland (Barcelona) entfernt

Sprachen:
▶ Katalanisch (Mallorquín), Spanisch

Verwaltung:
▶ Mallorca ist Teil des Autonomiegebiets der Balearischen Inseln
▶ Hauptstadt: Palma
▶ 53 Gemeinden

Fläche:
▶ 3.625 km²

Einwohnerzahl:
▶ ca. 863.000 (davon etwa 30.000 Deutsche)
▶ ca. 238 Einwohner pro km²

Natur:
▶ Vielfältige Flora mit zahlreichen endemischen Arten wie der Balearen-Fingerhut oder die Balearen-Pfingstrose
▶ Über 300 heimische Vogelarten
▶ 12 Naturparks bzw. andere Schutzgebiete

Höchste Erhebung:
▶ Puig Major, 1.445 m ü. NN
▶ Zehn Gipfel erreichen eine Höhe über 1.000 m ü. NN

Tourismus:
▶ 2010: etwa 12 Mio. Touristen (davon rund 4,2 Mio. Deutsche, 3 Mio. Briten, 2,5 Mio. Spanier vom Festland)

Klima:
▶ Über 2.750 Sonnenstunden im Jahresmittel, dies entspricht etwa 7,6 Sonnenstunden pro Tag
▶ Jahresniederschlag: etwa 420 mm

Religion
▶ 94 % Katholiken, 6 % andere

REISEVORBEREITUNG

Mallorca kompakt
Die besten Reiserouten

Die Insel kann sehr gut auf eigene Faust erkundet werden – mit dem Mietwagen, dem Fahrrad oder öffentlichen Verkehrsmitteln. Während der Mietwagen für Unabhängigkeit sorgt, sollten Reisende, die auf den öffentlichen Nahverkehr setzen, ihre Unterkunft in der Nähe von Palma suchen. Hier befinden sich die zentralen Anbindungspunkte von Bus und Bahn.

▶ *Tagesausflug zum Cap de Formentor.*

❶ Tag auf Mallorca – Tagesausflug zum Cap de Formentor
Eine unvergessliche Tour mit dem Mietwagen führt vom Küstenort Port de Pollença über eine abenteuerliche Serpentinenstraße zum etwa 20 km entfernten Cap de Formentor ganz im Norden der Insel mit seinem charakteristischen Leuchtturm.

Mit dem öffentlichen Verkehr ist der „Treffpunkt der Winde" ebenfalls erreichbar: In der Hauptsaison zwischen Mai und Oktober fährt die Buslinie 353 mehrmals täglich von Can Picafort über Port de Pollença zum Cap de Formentor. Von Palma

DIE BESTEN REISEROUTEN

aus fährt die Buslinie 360 über Inca und Alcúdia zum Kap. Für Autofahrer lohnt sich ein erster Stopp für einen Abstecher zum Mirador Mal Pas. Den Aussichtspunkt erreicht man nach fünf schwindelerregenden Kilometern durch eine karstige Felslandschaft. Ein Spaziergang führt über kleine Terrassen, Treppen und weitere Aussichtspunkte. Bis zu 200 m fallen die Felsen steil ins Meer ab, unten rauscht die Brandung dagegen. Nach etwa zehn Minuten erreicht man oberhalb des Parkplatzes den höchsten Punkt der malerischen Halbinsel und genießt einen fantastischen Rundblick. Weitere 15 km legt man auf der spektakulären Anfahrt zum Cap de Formentor zurück. Besonders am Abend oder außerhalb der Saison bleiben die Besuchermassen weitgehend aus und der Blick schweift einsam über die schroffe, einzigartige Landschaft des Kaps bis hinüber zur Nachbarinsel Menorca. Ein kleines Restaurant lädt zur Einkehr ein (im Winter geschlossen). Wer das Cap de Formentor lieber wandernd erleben möchte, dem bieten sich verschiedene Möglichkeiten: Eine ausgeschilderte Talwanderung führt von Port de Pollença nach Cala Bóquer, etwa 11 km hinter Port de Pollença beginnt hinter dem Parkplatz bei den Cases de Cala Murta auf der rechten Seite ein schöner Rundwanderweg zur Cala Murta. Linker Hand kann man ebenfalls aussichtsreich zur Cala Figuera wandern.

3 Tage auf Mallorca – Spaß für die ganze Familie
Tag ❶: Stadtbummel durch Palma mit Aquarium-Besuch

In Palma beginnen wir unseren Mehrtagesausflug an der Plaça de Espanya. Von hier spazieren wir nur wenige Meter zur Markthalle des Mercat Olivar, wo frische Lebensmittel aus der Gegend angeboten werden. Fisch, Fleisch, aber auch knackiges Gemüse und Obst aus dem Umland stehen zur Wahl. In den Ecken der Halle befinden sich Bars, in denen man sich schmackhafte Tapas genehmigen kann. Weiter geht es durch die ebenso weitläufige wie sehenswerte Altstadt zur Plaça Mayor. Der historische Platz beherbergt heute zahlreiche Einzelhändler, Marktstände mit Souvenirs und malerische Cafés. Schmale, verträumte Gassen führen uns anschließend nach Süden zum Wahrzeichen der Stadt: die Kathedrale La Seu. Bereits im 13. Jh. wurde das Gotteshaus auf dem Platz einer ehemaligen Moschee errichtet. Der Bischofssitz vereinigt durch die Jahrhunderte dauernde Bauzeit eine Vielzahl von Stilrichtungen. Zum Abschluss lohnt sich ein Besuch im sehenswerten Aquarium von Palma. Hier lassen sich Haie aus nächster Nähe beim Fressen beobachten, Kraken und Korallen verzaubern in naturgerechten Wasserlandschaften. Die erlebnisreiche Unterwasserwelt im Aquarium von Palma hinterlässt bei ihren Besuchern fantastische Eindrücke (siehe Seite 36–45).

REISEVORBEREITUNG

Tag ❷: Mit dem Roten Blitz von Palma nach Sóller

Ein schöner Tagesausflug für die ganze Familie ist die Fahrt mit dem Ferrocarril de Sóller. Der als Roter Blitz bekannte Nostalgiezug beginnt seine Fahrt gegenüber der Plaça de Espanya in Palma und durchquert eine atemberaubende Naturlandschaft. Nach 27,3 km endet die aussichtsreiche Fahrt mit der historischen Schmalspurbahn in Sóller. Umgeben von mächtigen Gipfeln der Sierra Tramuntana liegt das 8.900 Einwohner zählende Städtchen in einem fruchtbaren Tal, das für seinen Orangenanbau bekannt ist. Bereits die Araber wussten die herrliche Lage zu schätzen und pflanzten hier Oliven- und Mandelbäume, die noch heute das Bild Sóllers prägen. Nach der Ankunft am Bahnhof bietet es sich an, zur nahegelegenen Plaça de Constitució vor der Kirche Sant Bartomeu zu schlendern und die herrliche Atmosphäre bei einer Tasse Kaffee oder einem kleinen Snack zu genießen. Ein anschließender Abstecher zum Botanischen Garten verspricht nicht nur Pflanzenfreunden ein schönes Vergnügen. 942 verschiedene Pflanzenarten sind in der weitläufigen Anlage zu finden und vermitteln dem Besucher einen hervorragenden Eindruck der vielfältigen Fauna des mediterranen Raumes.
Zurück am Bahnhof kann man die Fahrt mit dem Roten Blitz noch knapp 5 km fortsetzen nach Port de Sóller. Die malerische Hafenbucht lädt zu einem ausgedehnten Spaziergang ein, das Schifffahrtsmuseum „Museu de la Mar" in der Kapelle Santa Catarina ist einen Besuch wert. Anhand zahlreicher Exponate wird hier die Geschichte des Schiffbaus und der Fischerei Sóllers und Mallorcas erzählt. Mit Umstieg in Sóller kehren wir mit dem Roten Blitz anschließend zurück nach Palma (siehe S. 54).

DIE BESTEN REISEROUTEN

Tag ❸: Ins Spielzeugmuseum Can Planes

Nach der spaßigen, aber auch etwas holprigen Zugfahrt genießt man den dritten Tag in entspannter Atmosphäre. In Sa Pobla flanieren wir durch die Innenstadt und besichtigen Santa Margalida de Crestatx, eine der ältesten Kapellen der Insel. In der Ortsmitte der Kleinstadt gelangen wir zur Plaça Major, wo wir bei einem gemütlichen Kaffee die massive Pfarrkirche Sant Antoni Abad in Reichweite haben. Der anschließende Besuch der Spielzeugausstellung im Museum Can Planes ist das Highlight des heutigen Ausflugs und bietet einen Blick zurück in die Zeit, als Kinder noch ohne Videospiele und Internet auskamen. Über 3.000 historische Spielzeuge von der Puppe bis zur Eisenbahn ziehen Jung und Alt in ihren Bann (siehe S. 67).

▶ *3 Tage auf Mallorca – Spaß für die ganze Familie.*

REISEVORBEREITUNG

Übernachten
Hotels, Camping & Co.

Ein Strandhotel in unmittelbarer Nähe zum bunten Treiben an der Promenade? Die Ruhe einer einsamen Finca in den Bergen? Oder doch lieber ein Appartement mit Selbstversorgung? Ob pauschal oder individuell, nur Frühstück oder all-inclusive – wer seinen Urlaub auf Mallorca buchen möchte, kann mit einem riesigen Angebot in allen Preisklassen rechnen.

Hotels
Das spanische Ministerium für Tourismus bewertet Mallorcas Hotels je nach Ausstattung mit einem bis fünf Sternen. Meistens sind Pauschalangebote preisgünstiger als individuelle Buchungen. Besonders in der Nebensaison sind die Übernachtungspreise häufig verhandelbar. Über den Winter haben viele Hotels geschlossen. Für die Hauptsaison (Juni–Sept.) ist es in jedem Fall sinnvoll, frühzeitig zu buchen.

Camping
Das Zelten ist auf Mallorca außerhalb offizieller Campingplätze verboten. Ver- und Entsorgungseinrichtungen für Wohnmobile sucht man auf Mallorca vergeblich. Wer auf der Insel zelten möchte, sollte nicht wählerisch sein: Einzig am Kloster Lluc befindet sich neben dem Parkplatz ein großer Zeltplatz mit etwa 300 Stellplätzen. Als Ausweichmöglichkeit bietet er 18 Stellplätze und Sitzgelegenheiten.

Ferienwohnungen
Für Selbstversorger sind Ferienwohnungen die richtige Lösung. Wer sich seine Lebensmittel selbst besorgen und seine Essenszeiten individuell planen möchte, liegt mit

einem Appartement richtig. Die meisten dieser kleinen Wohnungen verfügen über eine Kochnische oder eine kleine Küche.

Fincas

Umgebaute ehemalige Gehöfte und Gutshäuser samt Landbesitz findet man häufig im Inneren der Insel. Liebevoll eingerichtet, versprühen sie mit ihren knorrigen Oliven- und Mandelbäumen ländlich-mediterranen Charme. Weil sie Ruhe und Erholung bieten, werden Fincas als Urlaubsunterkünfte immer beliebter. Mit dem Mietwagen kann man vom Landesinneren aus perfekt die Insel erkunden. Zu beachten ist, dass von den Eigentümern zum Teil Mindestaufenthalte von etwa drei Tagen vorausgesetzt werden.

Berghütten (Refugis)

Gemeint sind hier zumeist bewirtschaftete Berghütten. Diese werden von Urlaubern häufig im Zusammenhang mit einer Wanderung angesteuert. Viele dieser Hütten befinden sich in der Serra de Tramuntana und sind mit Bettenlagern sowie einigen Mehrbettzimmern ausgestattet, die gegen eine geringe Gebühr in Anspruch genommen werden können.

Auch einfache Mahlzeiten sind oftmals erhältlich. Außerdem besteht die Möglichkeit, bei Wanderungen in Selbstversorgerhütten zu nächtigen. Diese nur mit dem Notwendigsten eingerichteten, unbewirtschafteten Refugis (Hütten) verfügen zumeist weder über Elektrizität noch fließend Wasser. Neben eigenen Lebensmitteln müssen hier auch der Schlafsack und die Luftmatratze mitgebracht werden.

Pilgerherbergen (Ermitas)

Die Ausstattung von Pilgerherbergen ist meist spartanisch. Doch was am Komfort gespart wird, macht ein Blick aus dem Fenster einer Ermita häufig wieder vergessen. Ermitas (und meist auch Santuaris) verfügen in der Regel über Schlafsäle und bieten einfache Mahlzeiten. Übernachtungen sind hier relativ kostengünstig.

Hostales

Hostales liegen auf Mallorca häufig in Strandnähe und ermöglichen Übernachtungen zu niedrigen Preisen. Gerne buchen jüngere Generationen, die neben der Erholung auch das Nachtleben zu schätzen wissen, ihren Urlaub im Hostal. Die meist privat geführten Anlagen verfügen über weniger Zimmer als Hotels. Nicht immer ist in den Unterkünften eine eigene Dusche inbegriffen. Neben einem Frühstücksbüffet sind zumeist auch Gemeinschaftsräume vorhanden, in denen mitgebrachtes Essen verzehrt werden kann.

Nützliche Internet-Links

www.mallorca.de
www.mallorcainfos.com
www.mallorca-travel.com
www.fincaferien.de

REISEVORBEREITUNG

Essen & Trinken
Schlemmen auf Mallorca

Bon Profit lautet nicht etwa der Wahlspruch balearischer Neureicher, sondern meint schlicht und einfach: Guten Appetit. Wer die traditionelle mallorquinische Küche kennenlernen möchte, sollte sich nicht lange an den Hotelbuffets und touristisch geprägten Küstenrestaurants aufhalten. Ein Ausflug ins Landesinnere lohnt sich.

Ein süßer Start in den Tag

Auf den Balearen beginnt der Tag traditionell mit Kaffee und Ensaïmadas. Dieses süße Gebäck wird auch gefüllt mit Kürbismarmelade gegessen. Am späten Vormittag serviert man gerne ein Pa amb oli (Brot mit Öl): Herzhaftes Bauernbrot wird mit Olivenöl beträufelt und anschließend mit dem Fruchtfleisch einer reifen Tomate bestrichen. Als weitere Auflage für das Pa amb oli dient der herzhafte Iberische Schinken oder Queso semicurado (reifer mallorquinischer Käse). Ein beliebter Brotaufstrich ist auch die Sobrassada, eine Streichwurst aus Schweinefleisch, Paprika und Gewürzen.

Leckereien für den kleinen Hunger

Als Snack genießen die Mallorquiner bevorzugt kleine Appetithappen, sogenannte Tapas. Oliven, Mandeln, Fleischbällchen oder Gambas al Ajillo (Knoblauchgarnelen) liegen dann auf dem Teller. Die Einheimischen greifen auch gerne mal zu Cargols (Schnecken) und Frit mallorqui (geschmorte Innereien) – oder zu Coca, einem Blechkuchen, der salzig oder süß belegt wird. Suppen und Eintöpfe köcheln auf Mallorca traditionell in großen Tontöpfen, so die Sopa de verdures (Gemüse), die Sopa de peix (Fisch) oder Sopa mallorquí.

ESSEN & TRINKEN

Grün und gesund
Das Gemüse kommt direkt, von der Sonne des Mittelmeers gereift, auf den Tisch. Trempó ist ein Sommersalat aus Tomaten, Paprikaschoten und Zwiebeln. Auberginen oder Zucchini werden gerne mit Fleisch-, Fisch- oder Brotmasse gefüllt im Ofen gebacken. Die Mallorquiner lieben auch den Tumbet, einen mit viel Olivenöl gegarten Auflauf aus Kartoffeln, Auberginen und Tomaten, manchmal auch mit Zucchini und Paprikaschoten.

Fisch wird in Mallorca häufig aus großer Entfernung importiert – eine Folge der Überfischung des Mittelmeers. Aufgrund der langen Tradition balearischer Fischgerichte wird der Fisch in vielfältigen Zubereitungsarten serviert: gegart oder überbacken, gegrillt oder gebraten.

Kräftig und deftig
Zu den schmackhaftesten Kreationen der mallorquinischen Fleischküche gehören neben gegrilltem Schwein, Rind, Lamm, Zicklein oder Geflügel auch die Conill amb cebes (Kaninchen mit Zwiebeln) und Escaldums, eine häufig mit Gemüse und Mandeln verfeinerte Hühnerpfanne. Empfohlen auch für den großen Hunger wird häufig der nahrhafte Sofrit pagès („Leidender Bauer") aus verschiedenen Sorten Fleisch, Wurst und Kartoffeln. Zum Abschluss eines Schlemmertages schmeckt die beliebte Crema catalana, eine feine Eiercreme mit dünner Zuckerkruste. Auf Mallorca liefern heute die Herkunftsgebiete Binissalem und Plá i Llevant hochwertige Weine, vor allem vollmundige Rotweine aus der einheimischen Manto Negro-Traube. Nach dem Schlemmen regt ein Kräuterlikör („Herbes") die Verdauung an.

Essenszeiten auf Mallorca
Nachdem das Frühstück eher spärlich ausfällt, nehmen die Mallorquiner zwischen 13 und 15 Uhr ihr Mittagessen zu sich. Erst um etwa 22 Uhr essen sie zu Abend. Überbrückt wird mit zwei Pausen gegen 11 und etwa 17 Uhr. Auch in den Öffnungszeiten der Restaurants spiegelt sich die späte Essenszeit wider – bis in die Nacht hinein sind warme Mahlzeiten erhältlich.

1 x 1 der regionalen Spezialitäten

Ensaïmada – Süße Gebäckschnecke, hergestellt mit Schweineschmalz
Arròs brut – „Schmutziger Reis", Reisgericht mit Fleischeinlage
Conill amb cebes – im Ofen gegartes Kaninchen mit Zwiebeln
Pa amb oli – Brot mit Olivenöl und Tomatenfruchtfleisch
Herbes – traditioneller Kräuterlikör, halbtrocken, auf Eis

PREISNIVEAU

Einfache Mahlzeit	ca. 10,00 €
Escaldums	ca. 13,00 €
Ensaïmada	ca. 1,00 €
Kaffee	ca. 2,00 €
Herbes	ca. 2,50 €

REISEVORBEREITUNG

Sport & Freizeit
Aktiv im Sommer und Winter

Das ganze Jahr über bietet sich eine Fülle an Möglichkeiten, seine Freizeit auf Mallorca aktiv zu gestalten. Radfahrer und Wanderer finden in Frühjahr und Herbst ideale Bedingungen vor, Klettersportler sollten ihren Urlaub in den trockenen Monaten buchen. Aber auch Tauchern, Reitern und Windsurfern bietet Mallorca einen Urlaub der Extraklasse.

Radfahren

Für Radler ist das über 1.500 km lange Streckennetz der Insel besonders in der Nebensaison attraktiv. Die meisten Straßen sind mit dem Rennrad gut befahrbar. Gewöhnungsbedürftig ist jedoch der geringe Abstand, den Autos beim Überholen häufig halten – hier sollte man aufpassen. Wer gerne Höhenmeter sammeln möchte, findet in der Serra de Tramuntana zahlreiche Möglichkeiten vor. Spektakuläre Streckenverläufe durch das zerklüftete Gebirge lassen da so manche Anstrengung vergessen. Ruhiger geht es in der weiten Ebene zwischen der Tramuntana im Norden und der Serra de Llevant zu. Auf Mallorca gilt Helmpflicht. Einen Fahrradverleih findet man in jedem größeren Ort. Weitere Informationen zum Thema Radfahren auf Mallorca und Tourenvorschläge unter www.rad-mallorca.de.

Wandern

Wie schon für die Radfahrer gilt auch für Wanderer: Die schönste Zeit ist im Frühjahr und im Herbst. Wer steile Anstiege in schroff-romantischer Umgebung bevorzugt, findet in der Serra de Tramuntana Gelegenheit. Doch auch die deutlich

SPORT & FREIZEIT

sanfter geschwungene Serra de Llevant im Süden bietet in Höhenlagen um 500 m ü. NN zahlreiche Wanderwege in wunderschöner Umgebung mit Weitblick auf das tiefblaue Mittelmeer. Da das Tramuntanagebirge vorwiegend Privatgebiet ist, können Probleme wie fehlende Markierungen oder abrupt endende Wege auftreten. Eine gute Wanderkarte, feste Wander- oder Bergschuhe und wind- und wasserabweisende Bergbekleidung sind sinnvoll. Ein Verpflegungsvorrat ist ebenfalls von Vorteil, da bewirtschaftete Hütten nicht immer in der Nähe sind. In den Gipfelregionen ist im Winter mit Schnee zu rechnen.

Klettern

Auch an Mallorca ist der Kletterboom nicht spurlos vorübergegangen. Zahlreiche Küstenregionen haben sich in den vergangenen Jahren zu wahren Kletterparadiesen entwickelt. Anfänger wie Profis finden hier Herausforderungen. Ein ausgezeichneter Ort für nahezu alle Schwierigkeitsstufen ist zum Beispiel die Cala Magraner an der Ostküste der Baleareninsel. Die herrliche Bucht lädt auch zum entspannten Verweilen ein.

Windsurfen und Segeln

Mit Ausnahme der Steilküste im Norden lassen sich fast um die gesamte Insel herum Strandbuchten mit guten Bedingungen zum Surfen finden. Für Anfänger geeignet sind die Buchten von Alcúdia oder Pollença. Aber auch S'Arenal ist nicht nur wegen seiner Partyzone interessant. Die Küstenlandschaft ist ein traumhaftes Revier für den Segelurlaub. Rund um die Insel laden zahlreiche Häfen und Buchten in milden Sommernächten zum Verweilen ein. Zu bedenken ist jedoch, dass einsame Ankerplätze in der Hauptsaison rar und die Liegeplätze deutlich teurer sind als zum Beispiel an der Nord- oder Ostküste. Anerkannte Ausbildungsstätten bieten entsprechenden Lehrgänge und Ausrüstung zur Miete an, zum Beispiel Sail & Surf Pollensa (www.sailsurf-pollensa.de).

Tauchen

Tauchfahrten werden an zahlreichen Küstenorten von verschiedenen Tauchschulen durchgeführt. Einsteiger und Profis finden eine breite Palette an attraktiven Unterwasserwelten: In den Gewässern um die naturgeschützte Insel Sa Dragonera tummeln sich Barracuda-Schwärme und Zackenbarsche an gewaltigen Felsformationen. Doch auch die Ostküste um Cala D'Or hält für Taucher eine vielgestaltige Unterwasserlandschaft aus Höhlen, Schluchten und Schwarmfischen bereit. Sogar im Naturschutzgebiet von Cabrera sind Tauchgänge möglich. Von der Bereitstellung der Ausrüstung bis zur fundierten Ausbildung reicht das Angebot der zahlreich vertretenen Tauchschulen auf Mallorca (z.B. Scuba Activa, www.scuba-activa.de).

REISEVORBEREITUNG

Von A bis Z
Praktische Reiseinformationen

Niemand möchte im Urlaub böse Überraschungen erleben. Wer eine Reise nach Mallorca unternimmt, sollte sich deshalb vorher Zeit für eine angemessene Vorbereitung nehmen. Wo bekomme ich aktuelle Informationen auf Mallorca? Welches Verkehrsmittel bietet sich an? Auch im Notfall ist es ratsam, zu wissen, an wen man sich wenden kann.

Anreise

Der Flughafen Son Sant Joan in Palma wird alljährlich von zahlreichen deutschen Flughäfen aus angesteuert. Neben den Pauschalangeboten der Reisebüros liefern sich im Internet Airlines wie Air Berlin (www.airberlin.com), Ryanair (www.ryanair.com/de), Tuifly (www.tuifly.com/de/) und andere mehr einen Preiskampf mit Flugtickets ab 20 Euro pro Strecke. Wer allerdings zu einem derart günstigen Preis nach Mallorca reisen möchte, muss hinsichtlich der Flugzeiten spontan und flexibel sein. Über die Häfen von Palma und Alcúdia ist die Baleareninsel auch per Fähre z.B. mit Balearia (www.balearia.com), Iscomar (www.iscomar.com) und Acciona Trasmediterránea (www.trasmediterranea.com) von Barcelona aus erreichbar. Die Anreisemöglichkeit mit Bus, Bahn oder PKW bis Barcelona mit anschließender Weiterreise auf der Fähre ist im Vergleich zum Direktflug um ein Vielfaches teurer und daher nur Reisenden zu empfehlen, die partout nicht fliegen möchten.

Beste Reisezeit

Der ideale Zeitpunkt für den Urlaub auf der größten Baleareninsel hängt

REISEINFOS VON A BIS Z

mit der Gestaltung der Freizeit zusammen. So eignet sich der Hochsommer perfekt für alle, die sich tagsüber an Strand und Meer tummeln und sich die Partyszene nicht entgehen lassen wollen. Frühjahr und Herbst locken dann vermehrt diejenigen nach Mallorca, die sich sportlich betätigen und die blühenden Landschaften genießen möchten. Radrennfahrer und Wanderer finden dann beste Bedingungen vor.

Einkaufen

In jedem größeren Ort der Insel befindet sich ein Supermarkt, in dem auch in Deutschland handelsübliche Lebensmittel erhältlich sind. Daneben gibt es eine Vielzahl an Einzelhändlern, die landestypische Produkte anbieten. Bei kleineren Einkaufsläden ist die Siesta zu beachten – während die großen Lebensmittelmärkte durchgehend geöffnet haben, halten viele kleine Einkaufsläden über die Mittagszeit ihre traditionelle Siesta. Die ausgedehnte Pause über die heißen Nachmittagsstunden beginnt etwa um 13 Uhr und endet teilweise erst um 17 Uhr.

Einreise

Touristen aus Deutschland, Österreich und der Schweiz werden an der Grenze keinen Personenkontrollen unterzogen. Am Flughafen ist der Reisepass oder Personalausweis (Schweiz: Identitätskarte) zu zeigen. Kinder unter 16 Jahren müssen im Pass eines Elternteils eingetragen sein. Bei Verlust des Ausweises ist es hilfreich, eine Fotokopie dabeizuhaben.

Gesundheit

Mit der Europäischen Krankenversicherungskarte (EHIC) können auch während des Urlaubs ärztliche Dienste in Anspruch genommen werden. Die EHIC ist auf der Rückseite der gesetzlichen Versicherungskarte aufgedruckt. Privatärztliche Versorgung ist nicht mit eingeschlossen, eine entsprechende Zusatzversicherung wird empfohlen.

FEIERTAGE

Neben den in Deutschland bekannten Feiertagen auf Mallorca gibt es auch eine Vielzahl regionaler Feste wie zum Beispiel den Tag der Balearen.
1. Januar Cap d'Any/Neujahr
6. Januar Els Reis Mags/Heilige Drei Könige
1. März Dia de les Illes Balears/Tag der Balearen
Dijous Sant/Gründonnerstag
Divendres Sant/Karfreitag
1. Mai Festa del Treball/Tag der Arbeit
15. August L´Assumpció/Mariä Himmelfahrt
12. Oktober Festa Nacional/Nationalfeiertag
1. November Tots Sants/Allerheiligen
6. Dezember Dia de la Constitució/Tag der Verfassung
8. Dezember Immaculada Concepció/Mariä Empfängnis
25. Dezember Nadal/Weihnachten
26. Dezember Segona Feste de Nadal/Weihnachtsfeiertag

REISEVORBEREITUNG

▶ *Kulinarisches Souvenir: Serranoschinken.*

Informationsstellen

Die in allen größeren Orten vertretenen Oficines d'Informació Turística de Mallorca (OIT) geben Auskunft über Sehenswürdigkeiten, eine Vielfalt an Prospektmaterial ist ebenfalls erhältlich. Nähere Informationen zu den Tourismusbüros bei den jeweiligen Orten in Kapitel IV. sowie unter www.infomallorca.net.

Konsulat der Bundesrepublik Deutschland

Die Vertretung der BRD in Palma kann im Fall des Verlusts des Personalausweises weiterhelfen und gibt unter www.palma.diplo.de weitere Hinweise zum Thema Sicherheit. Adresse des Konsulats:

Carrer Porto Pi 8, 3° D
Edificio Reina Constanza
07015 Palma
Tel.: +34 9 71 / 70 77 37, in Notfällen auch +34 6 59 / 01 10 17,
Mo bis Fr 9–12 Uhr

Konsulat der Schweiz

Carrer Antonia Martinez Fiol 6
07010 Palma
Tel.: +34 9 71 / 76 88 36
Keine Passbefugnis, Korrespondenz über das Generalkonsulat Barcelona
Mo bis Fr 9:30–12:30 Uhr

Honorarkonsulat Österreich

Avinguda Alexandre Rosselló 40
07002 Palma
Tel.: +34 9 71 / 27 47 11
Mo, Mi, Fr 9:30–11:30 Uhr

REISEINFOS VON A BIS Z

Internetadressen
www.infomallorca.net
www.conselldemallorca.net
www.mallorcazeitung.es
www.mallorcamagazin.net
www.caib.es

Klima
Das mediterrane Klima auf der größten Baleareninsel ist geprägt von heißen, trockenen Sommern und milden Wintern mit hoher Luftfeuchtigkeit. Während es zwischen Juni und September weitgehend niederschlagsfrei bleibt, ist es ab Oktober bis in das Frühjahr hinein deutlich unbeständiger. Die trockensten und heißesten Monate sind Juli und August. Nachttemperaturen weit über 20° C locken dann auch die Einwohner bis in die Mitternachtsstunden an die abgekühlte Luft. Ab Ende September ist vermehrt mit Regenfällen zu rechnen. Erst der Mai läutet die trockene Sommerphase wieder ein. Auch sorgt die hohe Luftfeuchtigkeit in den Wintermonaten dafür, dass sich die Temperaturen mitunter deutlich kühler anfühlen. Im Gebirge kann es in den Wintermonaten durchaus auch schneien. Da sich das Mittelmeer mit Verzögerung erwärmt und abkühlt, ist das Wasser bis in den Oktober hinein angenehm warm.

Mietwagen
Die Erkundung der Insel mit dem Mietwagen wird auf Mallorca immer beliebter. Entsprechend kann man am Flughafen und allen größeren Orten ein Auto mieten. Häufig wird als Mindestalter 21 oder 23 Jahre verlangt. Die Kosten

WOCHENMÄRKTE

Während die Märkte in den größeren Städten sehr touristisch geprägt sind, besitzen die Wochenmärkte der kleineren Orte häufig noch ihren ursprünglichen mallorquinischen Charakter. Sie bieten eine gute Gelegenheit für einen Blick hinter die touristischen Kulissen Mallorcas. Besonders empfehlenswert ist ein Besuch des Wochenmarktes in Sineu, der regelmäßig am Mittwoch stattfindet. Obwohl dieser Markt längst ein beliebtes Ziel vieler Touristen ist, hat er sich seine Ursprünglichkeit bewahrt. Von frischem Obst und Gemüse über Töpferware bis zu Nutztieren kann hier alles erworben werden.

Die Wochenmärkte im Überblick:
Montag: Caimari, Calvià, Lloret, Llucmajor, Manacor, Montuïri
Dienstag: Artà, Alcúdia, Campanet, Llubí, Porreres, Santa Margalida
Mittwoch: Andratx, Capdepera, Colonia de Sant Jordi, Petra, Port de Pollença, Pont d'Inca, Selva, Sineu, Vilafranca, Santanyí
Donnerstag: Ariany, Campos, Consell, S'Arenal, Inca, Portol, Sant Joan, Sant Llorenc, Ses Salines
Freitag: Alaró, Algaida, Can Picafort, Llucmajor, Maria de la Salut, Sa Cabaneta, Son Ferrer, Son Servera
Samstag: Bunyola, Búger, Cala Rajada, Costitx, Lloseta, Palma, Santa Eugenia, Campos, Esporles, Sóller
Sonntag: Santa Maria, Felanitx, Llucmajor, Muro, Pollença, Porto Cristo, Sa Pobla, Santa Maria, Valldemossa

für einen Mietwagen liegen bei ca. 20 € pro Tag, zusätzlich wird eine Kaution fällig. Empfehlenswert ist das Abschließen einer Vollkaskoversicherung.

Naturschutz

Die fortschreitende Zerstörung natürlicher Lebensräume hat bei der balearischen Regierung in den letzten Jahrzehnten zunehmend zu einer Sensibilisierung für Umweltfragen geführt. Entscheidende Fortschritte konnten in den Bereichen Wasserqualität, Müllentsorgung und Bebauung erzielt werden. Über 70 Kläranlagen sorgen auf Mallorca dafür, dass keine Abwässer mehr ungeklärt in das Mittelmeer geleitet werden. Das Resultat: Die mallorquinischen Gewässer zählen heute zu den saubersten im gesamten Mittelmeer. An zahlreichen Stränden weht die Blaue Flagge als Zeichen eines konstant hohen Standards der Badewasserqualität. Die in den 1990er Jahren in Betrieb genommene Müllverbrennungsanlage samt Recyclingpark bewältigt mittlerweile einen Großteil der etwa 500.000 Tonnen Müll, die jährlich auf Mallorca anfallen. In den meisten Ortschaften besteht die Möglichkeit zur Mülltrennung, doch die Resonanz der Bevölkerung ist noch immer gering. Nachdem die Balearenregierung dem hemmungslosen Bauboom jahrzehntelang tatenlos zugesehen hat, gelten seit Ende der 1990er Jahre Baugesetze, die mit dem Erhalt der Umwelt im Einklang stehen. In den 1990er Jahren wurde mit der Gründung von Schutzgebieten begonnen. Mittlerweile zählt Mallorca sechs große Naturschutzgebiete.

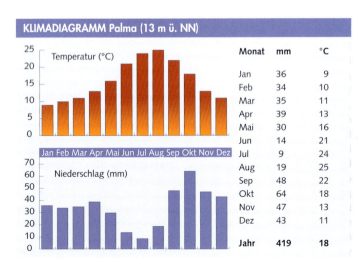

KLIMADIAGRAMM Palma (13 m ü. NN)

Monat	mm	°C
Jan	36	9
Feb	34	10
Mar	35	11
Apr	39	13
Mai	30	16
Jun	14	21
Jul	9	24
Aug	19	25
Sep	48	22
Okt	64	18
Nov	47	13
Dez	43	11
Jahr	**419**	**18**

Notfälle

Im Ernstfall gilt der EU-weit einheitliche Notruf 112. Auch vom Mobiltelefon werden mit dieser Nummer kostenfrei die Polizei, Unfallrettung oder Feuerwehr erreicht. Der kostenpflichtige Pannendienst des Real Automóvil Club de España (www.race.es) wird unter der Telefonnummer +34 90 / 2 30 05 05 verständigt, die ADAC-Notrufstation Barcelona hat die Nummer +34 93 / 5 08 28 28.

ÖPNV

Vom Flughafen in Palma werden Pauschaltouristen mit dem Hotelbus abgeholt. Wer nur den Flug gebucht hat, sollte zunächst mit dem Pendelbus in die Innenstadt fahren und an der Plaça d'Espanya aussteigen. Auf der gegenüberliegenden Straßenseite des Platzes besteht eine Vielzahl an Möglichkeiten, die Reise mit dem öffentlichen Nahverkehr fortzusetzen. Mit der Bahn geht es weiter durch das Landesinnere, die 2007 in Betrieb genommene U-Bahn fährt bis zur Universität. Auch der Nostalgiezug „Roter Blitz" nach Sóller fährt auf der gegenüberliegenden Straßenseite der Plaça d'Espanya ab. Darüberhinaus stehen vom Busbahnhof Palma zahlreiche Verbindungen zur Verfügung. Generell gilt: Je abgelegener das Ziel, desto länger sind die Warte- und Umstiegszeiten. Zu den Fahrplänen des öffentlichen Nahverkehrs: www.caib.es.

▶ *Markt in Campos.*

Sicherheit

Mallorca ist für Urlauber noch immer ein relativ sicheres Pflaster. Diebstähle sind jedoch wie in anderen touristisch geprägten Orten auch auf der Baleareninsel nicht ungewöhnlich. Daher ist unbedingt zu empfehlen, keine Wertsachen im Auto zurückzulassen. Wertsachen sollten generell am Körper getragen oder im Hotelsafe eingeschlossen werden. Protziges Gehabe, Betrunkenheit und Achtlosigkeit erhöhen die Wahrscheinlichkeit, bestohlen zu werden. Auch dichtes Gedränge auf Märkten und Festen ruft Diebe auf den Plan. Gewarnt wird weiterhin vor den sogenannten Nelkenfrauen und Hütchenspielern. Nelkenfrauen nähern sich, gerne auch in kleinen Gruppen, häufig mit einer Blume, um diese dem arglosen Urlauber als Willkommensgruß anzustecken. Dabei kann es zu Taschendiebstählen kommen. Hütchenspieler versuchen,

REISEVORBEREITUNG

Touristen gegen Geldeinsatz zum Mitspielen zu animieren. Der Tourist bleibt jedoch ohne Gewinnchance bei dem betrügerischen Spiel. Wer sich auf ein Hütchenspiel einlässt und verliert, sollte sich mit dem niemals allein auftretenden Spieler nicht anlegen – es sei denn, er möchte neben dem Geld auch seine Gesundheit aufs Spiel setzen.

Souvenirs

Wer etwas Authentisches aus Mallorca mitbringen möchte, kann aus einer breiten Palette an Souvenirs wählen. Viele Orte auf Mallorca vermarkten ihre regional typischen Produkte. So ist die Stadt Inca im Norden der Insel berühmt für ihr Lederhandwerk; im Ortskern bieten zahlreiche Lederwarengeschäfte Handtaschen, Schuhe, Portemonnaies und dergleichen mehr an.

Nur etwa 7 km nördlich von Inca liegt inmitten von lieblichen Olivenhainen der Ort Caimari, wo bestes Olivenöl hergestellt wird.

In Manacor in Llevant befindet sich die alteingesessene Produktionsstätte „Perlas Majorica". Hier fertigt man die begehrten Mallorca-Perlen. Die in einem speziellen Verfahren hergestellten Schmuckstücke sehen echten Perlen täuschend ähnlich.

Hoch im Kurs stehen außerdem die typisch mallorquinischen „Ollas", die etwa 15 km entfernt von Palma in der Töpferhochburg Portol erhältlich sind. Die bauchigen Keramiktöpfe sind nicht nur dekorativ, sie eignen sich auch hervorragend als Vorratsbehälter.

In Portol werden auch die bekannten „Siurells" angeboten – Tonfiguren, an denen traditionell eine Pfeife befestigt ist.

▶ Portocolom.

▶ *Schon von Weitem ist der Leuchtturm am Cap de Formentor zu sehen.*

Verkehrsbestimmungen

Wer vorhat, sich auf Mallorca ein Auto zu mieten, sollte sich zunächst mit den geltenden Verkehrsregeln vertraut machen. Als Tempolimit für PKW und Motorräder gelten auf Mallorca innerorts 50 km/h, auf der Landstraße darf höchstens 90 km/h gefahren werden. Auf Schnellstraßen und mehrspurigen Schnellstraßen sind höchstens 100 km/h erlaubt, auf der Autobahn 120 km/h. PKW mit Anhänger dürfen jedoch außerhalb der Ortschaften 70 km/h und auf der Schnellstraße 80 km/h nicht überschreiten. Auf der Autobahn gilt hier als Tempolimit 90 km/h. Wie in Deutschland darf auch auf Mallorca am Steuer nur mit einer Freisprechanlage telefoniert werden. Parkverbot gilt bei unterbrochenen oder gezackten gelben Linien am Straßenrand, Halteverbot an durchgezogenen gelben Linien. Blaue Markierungen stehen für gebührenpflichtiges Parken.

Wer eine Panne hat, ist zum Tragen einer Warnweste verpflichtet. Zwei Warndreiecke müssen jeweils 30 m vor und hinter dem liegengebliebenen Auto aufgestellt werden. Das private Abschleppen von Fahrzeugen ist verboten. Die Promillegrenze liegt bei 0,5. Achtung: Die spanische Polizei belegt Verkehrssünder mit vergleichsweise hohen Bußgeldern. So wird bereits Falschparken mit bis zu 90 € geahndet.

Zoll

Für die Mitnahme von Waren für den persönlichen Gebrauch gelten auf Mallorca keine Aus- und Einfuhrbeschränkungen. Ab einer gewissen Größenordnung werden Mengen jedoch nicht mehr als persönlicher, sondern gewerblicher Gebrauch eingestuft. Die EU-weiten Grenzwerte liegen unter anderem bei 110 Liter Bier, 800 Zigaretten und 10 kg Kaffee. Weitere Infos unter www.zoll.de.

LAND & LEUTE

Geschichte
Historische Vielfalt

Zahlreiche Völker haben sich im Laufe der Jahrtausende um die Insel gestritten – auf die rätselhafte Talaiot-Kultur folgten die Karthager, bis die Macht Roms auch nach Mallorca griff. Vandalen suchten die Insel heim, Mauren ließen sie aufblühen. Heute ist die Baleareninsel ein wahrer Schatz aus historischen Dokumenten, die allerorten sichtbar sind.

Ab 4000 v. Chr.
Aus Südfrankreich oder Spanien erreichen die ersten Siedler die Insel. Sie leben von der Jagd und der Schafzucht.

Ab 1400 v. Chr.
Einwanderer aus dem Mittelmeerraum begründen die Talaiot-Kultur.

Ab 600 v. Chr.
Die mallorquinische Bevölkerung gerät unter den Einfluss Karthagos.

Ab 100 v. Chr.
Das Römische Reich schlägt Karthago, Mallorca gerät unter römische Vorherrschaft. Olivenbäume werden angepflanzt, der Handel blüht.

Ab 300
Mit dem Zerfall Westroms dringen die Vandalen nach Süden vor, zerstören schließlich Rom und erobern Mallorca.

Ab 500
Das Oströmische Reich schlägt die Vandalen zurück, Mallorca wird Byzanz einverleibt.

Ab 700
Die Mauren dringen aus Nordafrika vor und halten den Mittelmeerraum

mit Überfällen und Raubzügen in Atem.

Ab 900
Maurische Truppen erobern Mallorca. Die Insel wird dem maurischen Reich einverleibt und erlebt unter der Vorherrschaft des Kalifats von Córdoba eine zweite Blütezeit.

Ab 1000
Das Emirat von Córdoba zerfällt. Mallorcas Hauptstadt Medina Mayurka entwickelt sich zu einem berüchtigten Piratennest.

1229
Die Reconquista marschiert voran. König Jaume I. erobert bis 1235 die Balearen zurück.

Ab 1276
Die Söhne Jaumes I. teilen nach dessen Tod das Reich unter sich auf. Jaume II. ruft das Königreich Mallorca aus.

Ab 1469
Nach der Eheschließung Ferdinands II. von Aragón mit Isabella I. von Kastilien wird Mallorca Teil des spanischen Großreiches.

Ab 1701
Im spanischen Erbfolgekrieg stehen sich Felipe V. (Bourbone) und der Habsburger Karl von Österreich gegenüber. Felipe V. entscheidet den Machtkampf für sich und führt auf Mallorca Spanisch als Amtssprache ein.

Ab 1838
In der Kartause von Valldemossa verbringen Frédéric Chopin und seine Frau George Sand ihren „Winter auf Mallorca".

Ab 1939
Nach dem Spanischen Bürgerkrieg beginnt die Diktatur General Francos. Erneut wird auf Mallorca die mallorquinische Sprache verboten.

Ab 1960
Der Flughafen Son Sant Joan bei Palma wird eröffnet und die Ära des Massentourismus auf Mallorca eingeläutet.

1975
Mit dem Tod Francos fördert König Juan Carlos I. demokratische Strukturen in Spanien.

1983
Die Balearen erhalten den Status einer Autonomen Gemeinschaft Spaniens. Die mallorquinische Sprache erlebt ihre Renaissance.

2009
Die baskische Terrororganisation Eta verübt einen Anschlag auf Mallorca. Eine inselweite Fahndung bleibt ohne Erfolg.

2010
Die in der Wirtschaftskrise gesunkenen Urlauberzahlen erholen sich wieder und lassen die Tourismuswirtschaft eine positive Bilanz ziehen.

LAND & LEUTE

Kunst & Kultur
Brauchtum und Moderne

Die mallorquinischen Kulturlandschaften können auf eine lange Tradition zurückblicken. Seit Jahrtausenden prägen Schafherden das Bild der ländlichen Regionen. Mit besonderer Hingabe wird jedoch vor allem ein Kulturgut gepflegt – die mallorquinische Sprache. Untrennbar verbunden mit ihr ist der Name Ramon Llull.

Schafzucht auf Mallorca

Nach wie vor werden auf den Fincas traditionell Schafherden gehalten. Die Schafe bewegen sich das ganze Jahr über draußen, besonders in der Serra de Tramuntana hört man das charakteristische Glockengeläut und das Blöken der wolligen Vierbeiner. Doch die Idylle ist gefährdet – die einheimischen Züchter können im globalen Wettbewerb kaum noch mithalten. Die Bauern stecken in einem Dilemma, das auch den Tourismus betrifft: Ohne die traditionelle Schafhaltung würden die beliebten Gebirgswiesenlandschaften bald zuwuchern. Um wettbewerbsfähig zu bleiben, müssten die Bauern größere, schneller wachsende Schafrassen importieren. Das Problem: Die Hochleistungsschafe sind nicht an die heißen, trockenen Sommer gewöhnt und können im kargen Gebirge nicht gehalten werden. Als Folge könnten sie auch nicht ihre Funktion als „Landschaftspfleger" wahrnehmen. Strategien zur besseren Vermarktung des mallorquinischen Lammfleisches über Genossenschaften sollen zum Erhalt der Schafzucht auf der Baleareninsel beitragen.

Man spricht Mallorquín

Wenn man heute einen Mallorquiner fragt, ob er die katalanische oder spanische Sprache (Castellano) bevorzugt, lautet die Antwort meist: Keine von beiden – auf Mallorca werde selbstverständlich Mallorquín gesprochen. Tatsächlich ist das Mallorquín weitgehend identisch mit dem Catalán, unterscheidet sich jedoch in der Artikelbildung, der Aussprache und einigen regional etablierten Ausdrücken. Während die mallorquinische Sprache offiziell ein Dialekt der katalanischen Sprache ist, betrachtet die einheimische Bevölkerung sie generationenübergreifend als wichtiges Identifikationsmerkmal und daher gerne als eigene Sprache. In der Vergangenheit versuchten Regierungen des Festlands immer wieder, auf Mallorca die spanische Sprache per Gesetz zu verordnen, zuletzt unter Staatschef Franco. Mit der Gründung eines demokratischen Rechtsstaates nach dem Tod des Diktators hat das Mallorquín neben dem Spanischen den gleichberechtigten Rang einer Amtssprache erlangt.

KLEINER SPRACHFÜHRER DEUTSCH–MALLORQUÍN

- Guten Morgen/Guten Tag! – Bon dia!
- Danke! – Gràcies!
- Hilfe! – Ajuda!
- Auf Wiedersehen! – Adéu!
- nach links – a l'esquerra
- nach rechts – a la dreta
- geradeaus – tot recte
- geöffnet – obert
- geschlossen – tancat
- Eingang – Entrada
- uis – eins
- Ausgang – Sortida
- Können Sie mir bitte helfen? – Pot ajudar-me, sisplau?
- Wie viel Uhr ist es? – Quina hora és?
- Wo sind bitte die Toiletten? – On son els serveis, sisplau?

Ramon Llull

Zu den berühmtesten Söhnen Mallorcas zählt zweifellos der Philosoph und Naturwissenschaftler Ramon Llull. Als Spross einer adligen Familie verkaufte er im Alter von etwa 30 Jahren sein Hab und Gut, um fortan ein bescheidenes Leben als Pilger zu führen. So unternahm er Reisen nach Santiago de Compostela und Montserrat. Sein besonderes Verdienst lag jedoch im Verfassen von über 250 Lehrbüchern, Romanen und Gedichten. Fast alle seine Werke schrieb Ramon Llull auf katalanisch und legte damit einen wichtigen Grundstein zur Etablierung der katalanischen Schriftsprache. Von 1263 an lebte Llull etwa zehn Jahre lang im Santuari de Cura auf dem Gipfel des Puig de Randa, um in dem Kloster Missionare auszubilden. Auf einer Reise nach Algerien wurde der Missionar von einer aufgebrachten Gruppe Araber gesteinigt – noch auf dem Rückweg nach Mallorca erlag der berühmte Gelehrte seinen Verletzungen. Die katholische Kirche sprach ihn daraufhin selig. In der Basilika Sant Francesc in Palma befindet sich sein Grab.

LAND & LEUTE

Feste & Feiern
Mauren, Stiere und Wein

Auf Mallorca findet im gesamten Jahr eine Vielzahl unterhaltsamer Veranstaltungen statt, die in der mallorquinischen Kultur verwurzelt sind. Der umstrittene Stierkampf gehört ebenso dazu wie das beliebte „Moros i Cristians", bei der die Einheimischen jedes Jahr in Pollença und Sóller die erfolgreiche Abwehr arabischer Piraten feiern.

Corrida de Toros – Stierkampf auf Mallorca

Von Traditionalisten geliebt und bei Tierschützern verhasst, gehört der Stierkampf nach wie vor zu den wichtigsten Bräuchen auf der Insel. Gegner des blutigen Spektakels fordern ein Verbot wie in Katalonien ein, die wenigen Termine auf Mallorca sind von Demonstrationen vor den Arenen überschattet. Die Glanzzeit des Stierkampfes auf Mallorca ist längst vorbei. Über fünf Arenen (Palma, Alcúdia, Inca, Felanitx und Muro) verfügt die Baleareninsel, von denen einige in finanziellen Schwierigkeiten stecken

▶ *Festlicher Mittelaltermarkt.*

FESTE & FEIERN

▶ *Prozession auf dem Wasser.*

und bereits überwiegend für andere Veranstaltungen genutzt werden. So ist auch Thomas Gottschalk mit seiner „Wetten dass…?"-Show regelmäßig Gast in der Stierkampf-Arena von Palma. Aktuelle Termine für die etwa einmal jährlich stattfindenden Corridas sind in den Tourismusbüros vor Ort erhältlich.

Moros i Cristians

Im Zuge der Reconquista hatte König Jaume I. die arabischen Herrscher zwar von der Insel im Mittelmeer verdrängt, doch machten Piraten den Bewohnern Mallorcas immer wieder schwer zu schaffen. Wie eine Plage fielen sie über die kleinen Küstendörfer her, machten Beute und ließen Elend zurück. Kein Wunder, dass sich die Mallorquiner gerne an die Tage erinnern, als die Piraten erfolgreich zurückgeschlagen werden konnten: So geschehen im Jahre 1550 in Pollença und im Jahre 1561 in Sóller. Die historischen Siege werden im Mai und August mit sehenswerten Aufführungen und einem großen, nächtlichen Feuerwerk gefeiert. Die genauen Termine variieren von Jahr zu Jahr und können in den örtlichen Tourismusbüros in Erfahrung gebracht werden.

FESTE IM JAHRESKREIS

Januar
- ▶ 16./17. Jan.: Sant Antoni Abat – Großer Umzug zu Ehren des hl. Antonius in Sa Pobla, Calvià und Palma
- ▶ 20. Jan.: Cavallets de Pollença – Prozession zu Ehren von San Sebastian in Pollença

Februar
- ▶ Karnevalsumzüge im gesamten Monat, beginnend mit dem Karnevalsumzug Marratxí am 7. Februar

März/April
- ▶ Gesamte Osterwoche: Semana Santa – Prozessionen auf der gesamten Insel
- ▶ 25. April: Festa de Sant Marc – Umzug und Muschelessen in Sineu

Mai
- ▶ 2. Wochenende: Moros i Cristians in Sóller

Juni
- ▶ Vielzahl an Patronatsfesten
- ▶ 13. Juni: Fiesta de los Albaricoques, Aprikosenfest in Artà
- ▶ 23. Juni: Nit de Sant Joan – Fest zur Sommersonnenwende mit Konzerten und Lagerfeuern, u. a. in Palma, Felanitx und Deià

LAND & LEUTE

FESTE IM JAHRESKREIS

Juli
- 1./2. Juli: Mare de Déu de la Victòria in Alcúdia – das Wallfahrtsfest bei der Einsiedelei dauert bis in die Morgenstunden
- 28. Juli: La Beata – Reiterumzug in Valldemossa

August
- 2. Aug.: Moros i Cristians – Nachstellung der siegreichen Schlacht gegen Piraten in Pollença
- 28. Aug.: Sant Agustí in Felanitx – Theateraufführungen und Open Air-Konzerte

September
- 2. Samstag: Fira des Meló (Melonenfest) in Vilafranca de Bonany
- Letztes September-Wochenende: Festa des Vermar in Binissalem – traditionelles Weinfest

Oktober
- 1. Wochenende: Fira de Alcúdia – Volksfest mit Kunsthandwerk, Gastronomie, Konzerten und Ausstellungen

November
- 2. oder 3. Donnerstag im Nov.: Dijous bo in Inca – große Messe mit Nutztierschau, Musikaufführungen und Sportveranstaltungen
- Letztes Wochenende: Fira de Tardor in Sa Pobla – traditionelle Herbstmesse zu Landwirtschaft, Gastronomie und Kultur

Dezember
- 1. Sonntag im Monat: Fira de Sa Perdiu in Montuïri – Messe/Volksfest mit Märkten, Konzerten und Ausstellungen

Patronatsfeste

Sehr beliebt sind auch die über das ganze Jahr verteilt stattfindenden Patronatsfeste auf Mallorca. Zu Ehren ihrer Heiligen führen zahlreiche Orte groß angelegte Feste durch, die häufig mehrere Tage andauern. Bestandteile dieser Events sind Open Air-Konzerte, Aufführungen folkloristischer Tänze, traditionelle Mahlzeiten, Ausstellungen und Stände, die allerlei Kunsthandwerk und Souvenirs zum Kauf anbieten. Besonders spektakulär fallen die Kostüme der Großköpfe (capgrossos) und Riesen (gegants), die auf keinem Patronatsfest fehlen dürfen, ins Auge der faszinierten Zuschauer. Die einzelnen Termine sind in den Tourismusbüros vor Ort erhältlich (www.mallorcaonline.com).

Weinfest in Binissalem

Jedes Jahr im September, wenn im Weinanbaugebiet um Binissalem die reifen Trauben geerntet werden, feiert der sonst so beschauliche Ort seine rauschende Festa des Vermar. Neun Tage lang finden zu Ehren der Weintrauben bunte Straßenumzüge statt, laden Kellereien zur Weinprobe und sitzen die Besucher beim gemeinsamen Festmahl zusammen. Vor dem Rathaus sammelt sich die Menge zum größten Spektakel der Feierlichkeiten: Bei der traditionellen Traubenschlacht bewerfen sich die Teilnehmer mit den süßen Beeren, bis der Rathausplatz in einer glitschigen Masse aus Fruchtfleisch untergeht.

Herbstmesse in Sa Pobla

Die Gemeinde Sa Pobla im Norden der Zentralebene ist das wichtigste Gemüseanbaugebiet Mallorcas. Im von landwirtschaftlichen Nutzflächen umsäumten Ort findet jedes Jahr in der zweiten Novemberhälfte die traditionelle Herbstmesse statt. Im Zentrum der Messe steht häufig ein landwirtschaftliches Produkt wie die Kartoffel oder der Reis. Teilnehmende Bars und Restaurants bieten zu diesem Anlass an dekorativen Ständen Gerichte mit dem entsprechenden Erzeugnis an.

Flohmarkt in Sineu

Von den zahlreichen Flohmärkten auf Mallorcas verspricht der in Sineu ein ganz besonderes Erlebnis. Neben antiquarischen Gegenständen und Trödel finden hier auch Tiere für Haus und Hof ihre Abnehmer. Seit mehr als 700 Jahren stößt der Flohmarkt mit seiner einzigartigen Atmosphäre auf Sineus Plaça d'Espanya auf reges Interesse. Jeden Mittwoch ab 8 Uhr beginnt das Spektakel. Übrigens: Wer ein Pferd oder eine Kuh sein Eigen nennen möchte, muss schon früh aufstehen – die Viehhändler sind nicht den ganzen Tag zugegen. Die Einheimischen decken sich auf dem Markt außerdem mit Obst und Gemüse ein. Trotz seiner wachsenden Beliebtheit bei den Touristen hat der Flohmarkt von Sineu noch nichts von seiner Ursprünglichkeit eingebüßt.

▶ *Natürlicher Festschmuck: die Mandelblüte.*

LAND & LEUTE

Natur & Umwelt
Mehr als Sand und Palmen

Vor Millionen von Jahren hoben Naturgewalten die Inselgruppe der Balearen aus den Fluten des Mittelmeeres – und schufen so die Grundlage für eine atemberaubende Vielfalt an Naturräumen und einer bezaubernden Flora und Fauna, die Mallorca noch heute einzigartig macht.

Entstehungsgeschichte

Die Entstehungsgeschichte der größten Baleareninsel begann vor etwa 300 Millionen Jahren im Karbon des Erdaltertums. Bis zu den großen Kontinentalverschiebungen des Erdmittelalters (Mesozoikum) bestand Mallorca aus einer ebenen Sedimentfläche. Ihre Gestalt mit den Gebirgszügen im Nordwesten und Osten formte sich allmählich im Erdmittelalter (Mesozoikum). Das Tramuntanagebirge besteht ebenso wie die Serra de Llevant aus mesozoischem Kalkgestein, das hauptsächlich in der Jurazeit vor etwa 180 Mio. Jahren entstand. Tektonische Kräfte im Erdinneren drückten die Insel im Laufe der folgenden Jahrmillionen auf etwa die Hälfte ihrer ursprünglichen Ausdehnung zusammen. Dabei schoben sich die Sedimente aus dem Jura ineinander und türmten sich zu den heutigen Gebirgsformationen auf. Die flacheren Gebiete hingegen versanken im Meer, Mallorcas Formen festigten sich. Wechselvolle Klimaverhältnisse mit teils heftigen Regenzeiten führten zu Verwitterungsprozessen des Kalkgesteins. Die charakteristischen Karstlandschaften mit ihren Felstürmen und tiefen Schluchten entstanden.

NATUR & UMWELT

Naturräume der Comarques

Von der Gruppe der Balearen ist Mallorca vor Menorca, Ibiza und Formentera nicht nur die beliebteste, sondern auch die mit Abstand größte bewohnte Insel. Neben der Gemeinde Palma werden auf ihr fünf landschaftliche Regionen (Comarques) unterschieden. Ganz im Nordwesten der Insel erhebt sich auf einer Länge von über 90 km der Gebirgszug der Serra de Tramuntana. In den Tälern dieser Region mit ihren bizarren Karstlandschaften und der teils unzugänglichen Steilküste befinden sich touristisch attraktive Orte wie Valldemossa, Sóller, **Fornalutx** und Pollença. Am Südhang des Gebirges schließt sich die Comarca Raiguer an, die den Übergang zu der zentralen Ebene Es Plà bildet. In der für mallorquinische Verhältnisse wasserreichen Region befinden sich einige der reizvollen Steineichenwälder. Zu Raiguer zählen unter anderem Alcúdia, Sa Pobla und Inca. In der weiten, im Sommer sehr heißen Ebene Es Plà mit ihrem Tafelberg Puig de Randa (542 m ü. NN) befinden sich Algaida, Sencelles und Costitx. Mit Hilfe starker Bewässerung wird in Es Plà ein Großteil der landwirtschaftlichen Produkte Mallorcas erzeugt. Die sanfthügelige Region Llevant im Osten Mallorcas umfasst Gemeinden wie Manacor, Artà und Capdepera. Der Llevant gilt als Region, die alle landschaftlichen Facetten der Insel in sich vereint: Felsige Küstenabschnitte, Buschlandschaften, bewaldete Hügel und grüne Wiesen fügen sich hier zu einem abwechslungsreichen Mosaik zusammen. Südlich des Llevant und Es Plà befindet sich die Landschaftszone Migjorn. Ihre Küstenlinie mit schroffen, versteckten Buchten und abgelegenen kleinen Sandstränden reicht von S'Arenal bis Portocolm in der Gemeinde Felanitx. In Felanitx befindet sich auch der Puig Sant Salvador, die mit 509 m ü. NN höchste Erhebung dieser insgesamt flachen Comarca. Die größte Gemeinde Migjorns ist 3jor.

Flora

Seit vielen Jahrhunderten prägen vom Menschen geschaffene Kulturlandschaften das uns bekannte Bild der größten Baleareninsel. Das mediterrane Klima mit seiner ausgedehnten Trockenperiode von Juni bis September schränkt die Lebensbedingungen der Pflanzenwelt ein. Viele Pflanzen sind immergrün und schützen sich mit dicken Blättern gegen Verdunstung. Andere harren als Knolle im Erdreich aus und entfalten im Frühjahr und teilweise auch im Herbst eine wahre Blütenpracht. Mallorcas Flora ist eng verbunden mit seiner Besiedlungsgeschichte. Römer und Araber brachten die heute so charakteristischen Orangen-, Mandel- und Olivenbäume ins Landesinnere. Besonders die herrliche Mandelblüte lockt die Touristen im Frühjahr auf die Insel. Auch die in ländlichen Ge-

LAND & LEUTE

▶ Verwilderte Hausziegen.

bieten allgegenwärtigen Johannisbrotbaumkulturen und Feigenkakteen sind aus Mallorcas Pflanzenwelt nicht wegzudenken.

Die typischen, mit widerstandsfähigen Zwergpalmen und Dissgras bewachsenen offenen Flächen sind das Resultat der traditionellen Weidehaltung. Regelmäßig legten die Bauern früher Feuer auf ihren Fincas, um die Weideflächen für die Schafzucht fruchtbar zu halten und den Baumbestand zu verdrängen. Heute ist diese Methode aus Rücksicht auf die verbleibenden Waldbestände weitestgehend verboten. Schafe und verwilderte Ziegen erhalten durch ihr Fressverhalten das bei Touristen so beliebte Landschaftsbild. Die im gesamten Mittelmeerraum heimischen Steineichenwälder Mallorcas beschränken sich heute auf Gebirgsregionen, weite Teile des Inlandes bedeckt die charakteristische, karge Buschlandschaft (Macchie). Nach wie vor treiben in ländlichen Gegenden die Bauern ihre Schweine in die Steineichenhaine, wo sich die Borstentiere von den Eicheln der immergrünen Bäume ernähren. Der besonders schmackhafte Iberische Schinken ist ein Resultat der Schweinemast mit den Früchten der Steineiche. Häufiger als die Steineichenwälder sind die Bestände der Aleppokiefer, die sich vielfach in Küstennähe befinden. Rund 140 Pflanzenarten sind auf Mallorca endemisch; dazu gehören zum Beispiel der Balearen-Fingerhut oder die Balearen-Pfingstrose. Auch zahlreiche Orchideen ziehen im Frühjahr die Blicke auf sich und bereichern die Vielfalt der Pflanzenwelt Mallorcas.

Fauna

Die Tierwelt Mallorcas beschränkt sich auf wenige Arten. Durch die frühe Besiedlung der Insel durch den Menschen hat sich nicht nur das Gesicht der Pflanzenwelt nachhaltig verändert, auch die ursprüngliche Fauna wurde ersetzt durch Nutztiere und eingeschleppte Arten, die sich auf der Insel seit Jahrhunderten etabliert haben. Die einst heimische Antilopenart Myotragus wurde bereits vor 3.000 Jahren ausgerottet.

Säugetierarten sind auf der größten Baleareninsel nur in geringer Anzahl vertreten: Im Gebirge trifft man häufig auf verwilderte Hausziegen, in der Ebene Es Plà tummeln sich Hasen und Kaninchen. In den geschützten Wäldern geht der Edelmarder auf Beutezug. Die äu-

NATUR & UMWELT

ßerst scheue Ginsterkatze bekommt kaum jemand zu Gesicht. Darüber hinaus sind 14 Fledermausarten auf der Insel heimisch – auch das Wappen der Hauptstadt Palma ziert eine Fledermaus.

Die verhältnismäßig wenigen Säugetierarten werden von der Anzahl der Vogelarten weit übertroffen. Der weitaus größte Teil der über 300 hier heimischen Arten lässt sich im Naturschutzgebiet S'Albufera beobachten. Während Arten wie der Flamingo das Feuchtgebiet lediglich als Durchgangsstation nutzen, brütet unter anderem eine Vielzahl an Enten auf Mallorca. Auch Greifvögel sind auf der Insel anzutreffen. Neben Fischadler und Wanderfalke ist als besonderes Highlight der Mönchsgeier zu nennen. An der Steilküste der Sierra Tramuntana nistet die weltweit letzte Inselpopulation dieses imposanten Vogels. Mit seiner Spannweite bis zu drei Metern bietet der am azurblauen Himmel segelnde Mönchsgeier einen unvergesslichen Anblick.

An einsamen Uferregionen geht die ungiftige Vipernatter auf Jagd nach Fröschen und kleinen Fischen. Geckos gehen nachts im Schein der Straßenlaternen auf Insektenjagd. Ein anderes Reptil, das man in den Gewässern vor der Insel nur selten zu Gesicht bekommt auf Mallorca, ist die vom Aussterben bedrohte Mittelmeerschildkröte. Äußerst selten geworden ist ebenfalls die endemische Mallorca-Geburtshelferkröte.

NATURSCHUTZGEBIETE

Parc Natural Sa Dragonera: Die 288 ha große Insel vor der Westküste Mallorcas kann auf festen Wegen erkundet werden. Die „Dracheninsel" wird von den endemischen Dragonera-Eidechsen (Podarcis lilfordi ssp. giglioli) und Möwen bewohnt.

Parc Nacional de Cabrera: Der Archipel aus 19 Inseln samt seinen Gewässern ist naturgeschützt. Sturmschwalben und Kormorane brüten auf der Inselgruppe. Auch Meeresschildkröten und Delfine fühlen sich hier wohl.

Parc Natural de Llevant: Die Vegetation besteht hauptsächlich aus Dissgras und Zwergpalmen. Verschiedene Vogelarten, darunter auch der seltene Fischadler, können auf schönen Wanderwegen beobachtet werden.

Parc Natural de Mondragó: Neben der wieder angesiedelten Landschildkröte leben in den Dünenlandschaften und Feuchtgebieten Frösche, Kröten und Singvögel wie Grasmücken und Schwarzkehlchen.

Parc Natural S'Albufera: Die Sumpfgebiete von S'Albufera mit ihrer Vegetation aus Seidengräsern und Laichkraut können gut mit dem Fahrrad erkundet werden. Besonders in Frühling und Herbst lassen sich in S'Albufera Vogelarten vom Flamingo bis zum Fischadler beobachten.

Reserva Natural de S'Albufereta: Mit etwa einem Drittel der Größe S'Albuferas ist S'Albufereta ein weiteres Feuchtgebiet in der Nähe von Pollença. Im dichten Schilfrohr- und Rohrkolbenbewuchs nisten hier zahlreiche Vogelarten, die auch in der Albufera anzutreffen sind.

IV UNTERWEGS AUF MALLORCA

Palma
Inselmetropole

Die Hauptstadt Mallorcas an der Bucht von Palma ist das politische und wirtschaftliche Zentrum der Insel. Etwa die Hälfte der Bewohner Mallorcas lebt hier. Der Ballungsraum mit seinem mediterranen Charme strebt in Richtung Zukunft – ohne sein reiches kulturelles Erbe zu vergessen.

▶ PALMA

301.000 Einwohner   (S. 185, D1)

Als der römische Konsul Quintus Caecilius Metellus im Jahre 123 v. Chr. den Stützpunkt namens Palmaria gründete, konnte er nicht wissen, dass sich diese kleine Siedlung einmal zu einer der beliebtesten Urlaubsmetropolen Europas entwickeln würde. Er sah seine Aufgabe darin, die Weltmacht Rom zu festigen – die Stadt, die heute Palma heißt, sollte wechselvolle Zeiten erleben. Nur wenige wissen von den Wurzeln der Stadt, die römischen Spuren der Hauptstadt sind weitgehend verwischt. Lediglich in den Fundamenten der mächtigen **Kathedrale La Seu** fanden Archäologen im Jahr 2000 Reste eines römischen Thermalbads (Plaça Almoina s/n, www.catedraldemallorca.info, Nov.–März Mo–Fr 10–15:15 Uhr, April–Mai und Okt. Mo–Fr 10–17:15 Uhr, Juni–Sept. Mo–Fr 10–18:15 Uhr, ganzjährig Sa 10–14:15 Uhr, Eintritt 4 €). Auch das Souvenirgeschäft der Kathedrale gibt einen der wenigen Blicke in die römische Vergangenheit preis: Durch eine im Boden eingelassene Glasscheibe werden Säulen sichtbar, die eine römische Straße säumten. Die Gasse **Carrer** de Sant Roc nordöstlich der Kirche folgt noch heute dem Verlauf dieses römischen Relikts.

Die Altstadt – Sa Portella

Nach dem Untergang Westroms schickten sich die Araber an, die Vorherrschaft im Mittelmeerraum zu übernehmen. Zu Beginn des 10. Jh. eroberten die Mauren Mallorca und aus Palmaria wurde Medina Mayurka. Für drei Jahrhunderte prägten prächtige Moscheen und arabische Paläste das Stadtbild, der Handel blühte und die Insel erlebte ihren zweiten Aufschwung. In der Altstadt **Sa Portella** mit ihren engen Gassen ist das maurische Medina bis heute spürbar. Hier befindet sich, wenige Schritte von der Kathedrale La Seu entfernt, auch der **Palau Reial de L'Almudaina** mit dem gleichnamigen Museum (Palau Reial s/n, Tel.: + 34 9 71 / 21 41 34, www.patrimonionacional.es, April–Sept. Mo–Fr 10–17:45 Uhr, Okt.–März 10–13:15 Uhr und 16–17:15 Uhr, ganzjährig an Sa und Feiertagen 10–13:15 Uhr, Erwachsene 3,20 €, Kinder/Jugendliche 5–16 Jahre 2,30 €). Ursprünglich als Amtssitz von den arabischen Herrschern errichtet, ließ König Jaume II. den maurischen Palast umbauen und die ursprüngliche Architektur verschwinden. Das weitläufige Bauwerk mit seinen kostbaren Wandteppichen und Gemälden ist nur teilweise öffentlich zugänglich – nach wie vor residiert hier bei offiziellen Anlässen der spanische König.

Umgeben ist der Palau Reial von einem sehenswerten Garten mit Wasserspielen und modernen Skulpturen, dem **S'Hort del Rei**. Dass zur arabischen Epoche auf Mallorca auch Dampfbäder gehören, zeigen eindrücklich die **Banys Àrabs**

▶ Blick auf Palma.

IV UNTERWEGS AUF MALLORCA

(Carrer Can Serra 7, Tel.: +34 9 71 / 72 15 49, April–Nov. 9–19:30 Uhr, Dez.–März 9–18 Uhr, Eintritt 2 €). Das Dampfbad (Caldarium) mit seinen Säulen und den sternförmigen Lichteinlässen im Kuppeldach ist hier zu besichtigen, ebenso wie der schlichte Aufenthaltsraum nebenan. Mit der Reconquista unter König Jaume I., die im Jahre 1229 ihren Siegeszug über Mallorca antrat, veränderte die Stadt an der Bucht abermals Name und Gesicht: Wo früher die große Hauptmoschee das Zentrum Medina Mayurkas bildete, legte Jaume I. den Grundstein für das Wahrzeichen christlicher Macht – die **Kathedrale La Seu** von Palma. Ihre Fertigstellung brauchte Zeit – so vergingen allein 300 Jahre, bevor Bischof Joan Vich i Manrique das Hauptportal segnen konnte. Der Innenraum der Kathedrale wurde in den Jahren 1904 bis 1914 von Antoni Gaudí gestaltet. Bis heute dominiert der monumentale Touristenmagnet mit der riesigen gotischen Fensterrosette (97 m²) das Stadtbild.

Im Jahre 1281 begrub das **Kloster Sant Francesc** mit seinem beschaulichen Kreuzgang samt wuchtiger Basilika auch die Achmed Jalfa Moschee im Dunkel der Geschichte (Plaça de Sant Francesc 7, Mo–Sa 9:30–12:30 Uhr und 15:30–18 Uhr, So und Feiertage 9–12:30 Uhr, Eintritt 1 €). Seit 1981 schmückt sich der gotische Komplex mit dem Titel eines Kulturdenkmals. Hinter dem Altar ruhen die Gebeine des berühmten mallorquinischen Philosophen **Ramon Llull**. Die Pfarrkirche **Església Santa Eulàlia** wurde 1414 auf dem Platz einer Kapelle aus dem Jahr 1236 errichtet (Plaça Santa Eulàlia 2, Tel.: +34 9 71 / 71 46 25, Mo–Sa 9–10:30 Uhr und 17–20 Uhr).

Auf der **Plaça Santa Eulàlia** entspannen sich Touristen und Einheimische unter Schatten spendenden Platanen und in den gemütlichen Cafés. Sa Portella ist auch der Ort der Wahl, um die Geschichte der gesamten Insel kennenzulernen – im **Museu de Mallorca**. Funde und Gemälde von der talaiotischen Epoche bis in die heutige Zeit zeugen von der facettenreichen Historie der Insel. Herausragend ist der Nachbau eines phönizischen Handelsschiffes (Carrer Portella 5, Tel.: +34 9 71 / 71 75 40, www.illesbalears.es, Mo bis Sa 10–19, So 10–14 Uhr, Erwachsene 2,50 €).

Mit einer Sammlung historischer Seekarten und Ausstellungen internationaler Künstler wartet der **Palau March** auf. In den 1940er Jahren vom mallorquinischen Milliardär Juan March erbaut, beherbergt der mondäne Bau nun ein Museum. Finanziert wird es von der Stiftung, die Bartolomé, Sohn von Juan March, 1975 ins Leben gerufen hat (Carrer Palau Reial 18, Tel.: +34 9 71 / 71 11 22, www.fundacionbmarch.es, April–Okt. Mo–Fr 10–18 Uhr, Nov.–März 10–17 Uhr, ganzjährig Sa 10–14 Uhr, Erwachsene 3,60 €).

PALMA IV

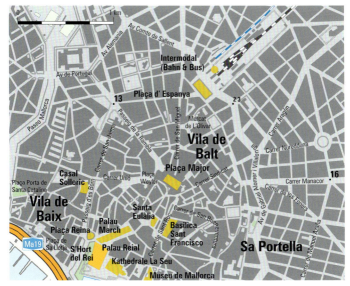

▶ *Palma.*

Vila de Baix

Der Mittelmeerhandel bescherte Palma Wohlstand und anhaltenden Wachstum. Und so begann im 14. Jh. unter König Jaume III. der Ausbau der Stadt. Westlich von Sa Portella entstand die **Vila de Baix** (Untere Stadt). An der **Plaça de Sa Llotja** befindet sich das Gebäude der Seehandelsbörse. Der gotische Bau mit den zwei charakteristischen Türmen stammt aus dem Jahr 1451 und fungierte bis ins 19. Jh. als Dreh- und Angelpunkt des mediterranen Warenaustauschs. Heute beherbergt die Llotja wechselnde Kunstausstellungen (Plaça Sa Llotja s/n, Tel.: +34 9 71 / 71 17 05). Freunde zeitgenössischer Kunst kommen nahe des Bootshafens im **Museum Es Baluard** auf ihre Kosten (Plaça Porta de Santa Catalina 10, Tel.: +34 9 71 / 90 82 00, www.esbaluard.org, Mitte Juni–Sept. 10–21 Uhr, Mo geschlossen, Juli und Aug. Fr 10–12 Uhr, Okt.–Mitte Juni 10–20 Uhr, Mo geschlossen, Eintritt 6 €, ermäßigt 4,50 €, Kinder bis 12 J. frei). Das ehemalige **Gran Hotel**, 1902 im Jugendstil erbaut, hat sich ebenfalls der Kunst verschrieben. Außer wechselnden Ausstellungen präsentiert die Stiftung der Sparkasse „La Caixa" eine Sammlung des katalanischen Jugendstil-Künstlers **Hermen Camarasa** (Plaça Weyler 3, Tel.: +34 9 71 / 17 85 00, www.obrasocial.lacaixa.es, Mo–Sa 10–21 Uhr, So und Feiertage 10–14 Uhr, Eintritt frei).

IV UNTERWEGS AUF MALLORCA

Vila de Dalt

Nördlich des ehemals maurischen Stadtkerns breitet sich die **Vila de Dalt** (Obere Stadt) aus. Auf der **Plaça Major**, ein von Gebäuden des 19. Jh. umschlossener Innenhof, warten die Kellner in den Cafés und die Verkäufer der Souvenirshops auf touristisches Publikum. Wer hier nicht bekommt, was er sucht, findet in einem der zahlreichen Geschäfte der **Carrer Sant Miquel** etwas Passendes. Schaufenster begleiten diese Straße von der Plaça Major bis zur **Plaça d'Espanya**. Auf etwa halber Strecke passiert man zur Linken die **Església de Sant Miquel** (Carrer Sant Miquel 21, Mo–Sa 8–13:30 Uhr, 18–19:30 Uhr, So 10–12:30 Uhr und 18–19:30 Uhr). Das im Jahre 1320 erbaute Gotteshaus erfuhr im 17. Jh. eine Umgestaltung im Stil des Barock. Im Inneren ist am großen Barockaltar der Erzengel Michael als Namensgeber der Kirche zu sehen. Zur Kirche **Sant Antoni Abat** gesellt sich die Plaça de l'Olivar mit der authentischen Markthalle **Mercat de l'Olivar**. Hier bieten die Lebensmittelhändler der Umgebung frisches Obst und Gemüse, aber auch Fisch und Fleisch feil (Plaça de l'Olivar 4, Tel.: +34 9 71 / 72 03 14, Mo–Sa 7–14 Uhr). Der Plaça d'Espanya ist Knotenpunkt verschiedener Straßen der Innenstadt. Auf der gegenüberliegenden Straßenseite des Plaça warten an der **Estació Intermodal** die Straßenbahnen in Richtung Inca/Manacor und Universität. Wenige Schritte entfernt befördert der **Nostalgiezug „Roter Blitz" von Palma nach Sóller** mehrmals täglich Touristen in die Serra de Tramuntana. Auch die Busse ins Landesinnere starten an der Estació Intermodal.

Castell de Bellver

Im Südwesten der Bucht von Palma thront auf einem bewaldeten Hügel das mächtige **Kastell Bellver** mit seinen Rundtürmen (Carrer Camilo José Cela s/n, Tel.: +34 9 71 /

▶ Der „Rote Blitz".

PALMA IV

▶ Am Hafen von Palma, mit der Kathedrale im Hintergrund.

73 06 57, www.palmademallorca.es, April–Sept. Mo–Sa 8:30–20:30 Uhr, So und Feiertage 10–18:30 Uhr, So Eintritt frei (Museum geschlossen), Okt.–März Mo–Sa 8:30–19 Uhr, So und Feiertage 10–16:30 Uhr, Erwachsene 2,50 €, Kinder bis 13 J. frei). Nach einem Aufstieg durch schattige Kiefernbestände genießt man vom Dach der ehemaligen Königsresidenz eine hervorragende Aussicht über die Stadt und die Bucht von Palma. Im Erdgeschoss ist heute das **Museu D'Historia de la Ciutat**, das Stadtmuseum von Palma untergebracht. Es bietet einen Überblick über die Entwicklung Palmas von der Bronzezeit bis zur Neuzeit. Im Innenhof finden regelmäßig Konzerte statt. Der runde Grundriss macht die Festung einzigartig in Spanien.

Die Platja de Palma

Der 5 km lange Küstenabschnitt der Bucht von Palma ist durchweg mit Feriensiedlungen bebaut. Die Orte **Can Pastilla** (5.200 Ew.) und **S'Arenal** (6.200 Ew.) sind zu enormen Hotelkomplexen angewachsen. Die Badebucht ist zur besseren Orientierung in 15 Balnearios eingeteilt worden. Trotz massiver touristischer Frequentierung ist die Platja de Palma sehr sauber und wird regelmäßig mit der blauen Flagge, einer internationalen Auszeichnung für die Einhaltung von Umweltstandards, ausgezeichnet.

Hinter dem breiten Strand verläuft die begrünte Uferpromenade. Unter deutschen Urlaubern gilt der Balneario 6 bei S'Arenal (**Ballermann**) als Treffpunkt trinkfester Pauschaltouristen. Im bierseligen

IV UNTERWEGS AUF MALLORCA

GÈNOVA

Etwa 7 km östlich der Stadt Palma schmiegt sich das kleine, idyllische Bergdorf Gènova (3.700 Ew.) an die steilen Hänge der Serra de Tramuntana. Der Ort gilt als Rückzugsgebiet für die Künstler der Insel. Hier kann man auch in die 39 m tiefe Tropfsteinhöhle **Coves de Gènova** hinabsteigen. (Carrer Barranc 45, Tel.: +34 9 71 / 40 23 87, 10–13:30 Uhr und 16–19 Uhr, Eintritt 8 €).

Über die Serpentinenstraße Coll de Sa Creu erreicht man den Aussichtspunkt Na Burguesa. Der Blick schweift über die Bucht von Palma, verschiedene Wanderrouten beginnen in Na Burguesa.

Ungefähr 1 km südöstlich des Dorfes ist der Sitz der **Fundació Pilar i Joan Miró a Mallorca**. Das Kulturzentrum war einst Mirós Atelier. Im Ausstellungsraum werden Gemälde, Zeichnungen und Skulpturen des berühmten Künstlers gezeigt (Carrer Saridakis 29, Tel.: +34 9 71 / 70 14 20, http://miro.palmademallorca.es, Mitte Mai–Mitte Sept. Di–Sa 10–19 Uhr, So 10–15 Uhr, Mitte Sept.–Mitte Mai Di–Sa 10–18 Uhr, So 10–15 Uhr, Erwachsene 6 €, Kinder unter 16 Jahren frei).

Beisammensein werden hier meist lautstark alkoholische Getränke konsumiert. In der Pare Bartomeu Salvà, eher bekannt unter dem Namen **Schinkenstraße**, ist „typisch bayerisches" Flair in mediterraner Umgebung zu erleben. Die Namen der Diskotheken **Bierkönig** und **Oberbayern** sind Programm.

ÜBERNACHTEN

Orientalisch angehaucht
Hostal Corona €–€€
Josep Villalonga 22, 07012 Palma
Tel.: +34 9 71 / 73 19 35
www.hostal-corona.com
Günstige Übernachtung mit Hippie-Flair. Zum schmucken Hostal, das sich in einem Jugendstilgebäude befindet, gehören ein Garten und ein Restaurant.

Nächtigen im alten Stadtpalast
Hotel Born €–€€
Carrer Sant Jaume 3, 07012 Palma
Tel: +34 9 71 / 71 29 42
www.hotelborn.com
Das edle Ambiente entschädigt für den teilweise sehr hohen Geräuschpegel.

Zentrumsnah
Hotel Almudaina €€€
Avinguda Jaume III 9, 07010 Palma
Tel.: +34 9 71 / 72 73 40
www.hotelalmudaina.com
Die Zimmer des zentralen Hotels sind modern und stilvoll eingerichtet. Zudem besitzt das Quartier eine große Dachterrasse sowie ein Solarium.

Wohlfühlatmosphäre
Hotel Araxa €€€–€€€€
Carrer Pilar Juncosa 22
07014 Palma
Tel.: +34 9 71 / 73 16 40
www.hotelaraxa.com
Neben einem Garten mit Pool bietet das Hotel eine Sauna, Jacuzzi und Massagen an.

ESSEN & TRINKEN
✕ *Mallorquinische Schokolade*
Ca'n Joan de S'Aigo
Carrer Sans 10, 07001 Palma
Tel.: +34 9 71 / 71 07 59
In Mallorcas vermutlich ältester Schokoladenstube kann man leckeren Mandelbiskuitkuchen und selbst hergestellte Eiscreme probieren.
Di Ruhetag.

✕ *Neu-mallorquinische Küche*
Es Mercat
Carrer Pursiana 14, 07013 Palma
Tel.: + 34 9 71 / 45 38 40
Saisonal wechselnde Gerichte mit frischen Zutaten vom Markt. Fischliebhaber kommen auf ihre Kosten.
So Ruhetag.

✕ *Rustikale Atmosphäre*
Celler Sa Premsa
Plaça Obispo Berenguer de Palou 8
07003 Palma
Tel.: +34 9 71 / 72 35 29
www.cellersapremsa.com
Dem seit 1958 bestehenden Kellerlokal verleihen die dekorativen Weinfässer sein charakteristisches Ambiente. Große Auswahl an mallorquinischen Gerichten.
So und Mo Ruhetag.

✕ *Indisch im Urlaub*
Baisakhi
Avinguda Gabriel Roca 8
07014 Palma
Tel.: +34 9 71 / 73 68 06
Hervorragendes indisches Essen im liebevoll eingerichteten Lokal.
Mo Ruhetag.

SPORT & FREIZEIT
Coliseo Balear
Avinguda Arquitecte Gaspar Bennazar, 07013 Palma
In der historischen Arena von 1929 werden traditionelle Stierkämpfe gezeigt. Außerdem finden regelmäßig Rodeos und Konzerte statt.

Poble Espanyol
Carrer del Poble Espanyol 39
07014 Palma
Tel.: + 34 9 71 / 73 70 70
www.congress-palace-palma.com
Das künstliche Dorf wurde 1967 am Westrand der Stadt erbaut. Dort stehen 22 der bedeutendsten Bauwerke aus Spanien im Miniaturformat.
April– Sept. 9–19 Uhr, Okt.–März 9–18 Uhr, Eintritt 5 €, ermäßigt 3 €.

Palma on Bike
Avinguda Antoni Maura 10
07012 Palma
Tel.: +34 9 71 / 71 80 62 und
Avinguda Gabriel Roca 15
07703 Palma

▶ *Bäckerei in Palma.*

UNTERWEGS AUF MALLORCA

Tel.: +34 9 71 / 91 89 88
www.palmaonbike.com
Fahrrad ab 14 €/Tag, Kajak Single 30 €, Double 50 €, Inliner 10 €/Tag.

Palma City Sightseeing
Tel.: +34 9 02 / 10 10 81
www.city-sightseeing.com
Doppeldeckerbus mit 16 Haltestellen. Startpunkt ist die Plaça Reina. Eine Tour dauert 80 Minuten, man kann jedoch an den einzelnen Haltepunkten aus- oder zusteigen. Alle 25 Min. kommt ein Bus vorbei. Tagestickets beim Fahrer erhältlich, Erwachsene 15 €, Kinder 8–16 J. 7,50 €.

Meeresaquarium Palma
Carrer Manuela de Los Herreros i Soria 21, 07610 Palma
www.palmaaquarium.com
Tel.: +34 9 71 / 74 61 04
Die ganze Vielfalt des Mittelmeers, eine Dschungelwelt und ein riesiges Hai-Aquarium vermitteln einen bleibenden Eindruck vom Leben unter Wasser. Nov.–März 10–16 Uhr, April–Okt. 10–18 Uhr, Erwachsene 19,50 €, Kinder 4–16 Jahre 15 €.

ABENDGESTALTUNG
Bierkönig
Carrer del Pare Bartomeu Salva/ Schinkenstraße, 07600 Palma
www.bierkoenig.com
Der Bierkönig zählt zu den beliebtesten Biergärten Palmas. Auf Wunsch wird der Bierkonsum hier nicht pro Getränk, sondern per Aufenthaltszeit abgerechnet.

Diskothek Megapark
gegenüber Ballermann 5
07600 Palma
www.megapark.tv
Das 3.500 m²-Gelände direkt an der Platja de Palma sorgt mit sechs Bars, Showbühne und Riesenleinwand

▶ *Die Kathedrale La Seu.*

PALMA

für Spaß und schnellen Getränkenachschub.

Abaco
Carrer Sant Joan 1, 07012 Palma
Tel.: +34 9 71 / 71 49 39
www.bar-abaco.com
In einem alten Stadtpalast aus dem 17. Jh. kann man einen Cocktail zu klassischer Musik genießen.

Teatre Principal de la Palma
Carrer Riera 2, 07003 Palma
Tel.: +34 97 1 / 21 96 96
www.teatreprincipal.com
Traditionsreiches Theater, in dem neben klassischen Konzerten und Opern auch Ballett aufgeführt wird.

Auditorium de Palma
Paseo Marítimo 18, 07014 Palma
Tel.: +34 9 71 / 73 53 28
www.auditoriumpalma.com
Kulturbegeisterte können Konzerte, Theater- und Tanzvorstellungen sowie Kabaretts besuchen.

SERVICEINFOS

Tourismusbüro Casal Solleric
Passeig des Born 27, 07012 Palma
Tel.: +34 9 02 / 10 23 65

Tourismusbüro Parc de ses Estacions
Plaça d'Espanya (Bahnhof)
07002 Palma
Tel.: +34 9 02 / 10 23 65

Tourismusbüro von Mallorca
Plaça de la Reina 2, 07012 Palma
Tel.: +34 9 71 / 17 39 90
www.palmademallorca.es

PALMANOVA & MAGALUF *TIPP*

Etwa 4 km westlich von Palma bilden die beiden Orte Palmanova und Magaluf ein ausgedehntes Ferienzentrum mit breiten Sandstränden und einem vielfältigen Vergnügungsangebot. Im Gegensatz zum überwiegend von deutschen Urlaubern besuchten „Ballermann" an der Ostseite der Bucht, gelten die praktisch ineinander übergehenden Ferienorte als britische Feierhochburg.

Pirates Adventure
Camino de Porrassa 12
07181 Palmanova
Tel.: +34 9 71 / 13 04 11
www.piratesadventure.com
Erwachsene ab 30 €, Kinder ab 20 €.
Vorführungen von April bis Okt.
Spektakuläre Piratenshow mit Tanz, Akrobatik und Essen.

Gran Casino Mallorca
Urbanización Sol de Mallorca
07181 Magaluf
Tel.: +34 9 71 / 13 00 00
www.casinodemallorca.com
Eintritt 4 €, tgl. 16–5 Uhr geöffnet.
Black Jack, Poker, Roulette, auch Spielturniere.

Westernpark
Cala Figuera to Sa Porrasa road
07182 Magaluf
Tel.: +34 9 71 / 13 12 03
www.westernpark.com
Mai, Juni, Sept. und Okt. 10–17 Uhr, Juli und Aug. 10–18 Uhr, Erwachsene 25 €, Kinder 4–12 J. 16,50 €.
Freizeit- und Badepark im Westernstil. Wasserrutschen, Whirlpool und spannende Akrobatikshoweinlagen.

UNTERWEGS AUF MALLORCA

Serra de Tramuntana
Gebirge im Norden

Über 90 km erstreckt sich das Tramuntana-Gebirge von der Insel Sa Dragonera über die gesamte Nordwestküste bis zum zerklüfteten Kap Formentor, wo seine Klippen spektakulär ins Meer fallen. Schroffe Zinnen ragen bis zu 1.436 m in die Höhe und machen die Serra de Tramuntana zu einem herrlichen Wandergebiet mit zahlreichen Aussichtspunkten.

▶ ANDRATX

6.700 Einwohner (S. 184, B1)

Mit wenigen Sehenswürdigkeiten wartet die im 13. Jh. nach der spanischen Rückeroberung gegründete Stadt Andratx auf. Entsprechend ist sie kaum touristisch erschlossen. Aufmerksamkeit erregte Andratx nur 2007, als ein Korruptionsskandal im Zusammenhang mit der Erteilung von Baugenehmigungen öffentlich wurde. Der Ende des 19. Jh. fertig gestellte **Palau de Son Mas** gehört zu den außergewöhnlichen Gebäuden des Ortes und beherbergt heute das Rathaus. Er vereinigt eine Vielzahl von Stilrichtungen, darunter gotische, barocke und maurische Stilelemente, zu einer eigenwilligen Mischung. Kunstinteressierte kommen im **Zentrum für Zeitgenössische Kunst** auf ihre Kosten (Carrer Estanyera 2, Tel.: +34 9 71 / 13 77 70, www.ccandratx.com, April–Okt. Di bis Fr 10:30–19 Uhr, Sa, So und Feiertage 10:30–16 Uhr, Nov.–März Di bis Fr 10:30–16 Uhr, Eintritt in die Galerie kostenlos, Ausstellungen Kunsthalle 5 €).

Port d'Andratx

Nur 5 km südwestlich von Andratx liegt der ehemalige Fischereihafen Port d'Andratx. Viele mallorquinische Fischerboote sind bereits den

Jachten wohlhabender Zugezogener gewichen. Restaurants und Cafés nahe der Uferpromenade haben sich auf die Touristen eingestellt. Da der Ort jedoch keinen Sandstrand bietet, ist er besonders für Pauschalurlauber unattraktiv. Einzig die noble Restaurantszene der gehobenen Preisklasse macht Port d'Andratx für einige zu einem lohnenswerten Ausflugsziel.

Sant Elm

Der kleine Ort Sant Elm, knapp 10 km westlich von Andratx, ist bei Mallorquinern und Urlaubsgästen aus der Gegend wegen seines gleichnamigen Strandabschnitts ein begehrtes Ziel. Die **Platja Sant Elm** schließt mit einer malerischen Felsküste ab. Kleine Bars, Restaurants und Geschäfte mit Souvenirs und Strandartikeln sind zu Fuß schnell erreichbar. In Sant Elm legt regelmäßig das Boot La Margarita zur naturgeschützten Insel **Sa Dragonera** ab. Die Fahrt über den 800 m breiten Canal des Freu nimmt etwa 15 Minuten in Anspruch. Bei hohem Wellengang kann die Überfahrt zu einem nassen Vergnügen werden (Abfahrt im Hafen von Sant Elm im Sommer ab 10:15 Uhr etwa dreimal täglich, Infos unter: +34 6 39 / 61 75 45, Ticketverkauf beim Lokal El Pescador, 10 € pro Person).

Badestrände in der Nähe

Unweit von Andratx befindet sich im Südwesten der Insel der 4.000 Einwohner-Ort **Peguera**. Das Städtchen ist Teil der Gemeinde Calvià. Vor allem deutsche Familien buchen in einem der zahlreichen Strandhotels ihren Pauschalurlaub. Zu Peguera gehören die feinen, breiten Sandstrände Platja Romana, Platja Tora und Platja Palmira. Wegen seines ruhigen, flachen Wassers gelten die Strände als besonders kinderfreundlich. Östlich von Peguera liegt die geschichtsträchtige Bucht von **Santa Ponça**. Wie Peguera gehört sie zur Gemeinde Calvià und ist im Wesentlichen dem Pauschaltourismus verhaftet. Wo sich heute hauptsächlich holländische und englische Pauschaltouristen im heißen Sand tummeln, wurde vor knapp 800 Jahren Geschichte geschrieben: 1229 landete Jaume I. mit seinen Schiffen in der Bucht und startete die Rückeroberung Mallorcas von den Mauren. Am Jachthafen zeugt das **Creu de la Conquista** (Kreuz der Eroberung) von der denkwürdigen Tat.

ÜBERNACHTEN

Mit Inselblick

Hostal Dragonera €–€€
Rei Jaume I. 5, 07159 Sant Elm
Tel.: +34 9 71 / 23 90 86
www.hostaldragonera.net
Das Hostal punktet mit einem schönen Ausblick auf Sa Dragonera. Im Restaurant können saisonale Mahlzeiten bestellt werden.

Aparthotel

La Pérgola**** €€€–€€€€
Avinguda S'Almudaina

IV UNTERWEGS AUF MALLORCA

07157 Port d'Andratx
Tel.: +34 9 71 / 67 15 50
www.lapergolahotel.es
Die Appartements verfügen über einen Wohnraum sowie eine Küchenzeile. Ruhig und in Hafennähe.

⚑✕ In großem Stil
Mon Port**** €€€€
Cala d'Egos, Finca la Noria
07157 Port d'Andratx
Tel.: +34 9 71 / 23 86 23
www.hotelmonport.com
Zum Hotelresort zählen neben Suiten auch 100 Doppelzimmer. Die Zimmer sind praktisch eingerichtet und gefliest. Mit Tennisplätzen und einem großen Pool.

ESSEN & TRINKEN
✕ Internationale Küche
Porto Bello
Avinguda Almirante Alemany 17
07157 Port d'Andratx
Tel.: +34 9 71 / 67 31 04
Täglich wechselnde Menüs werden auch auf der gemütlichen Terrasse serviert. Vom Restaurant sind es nur wenige Schritte zum Ufer.
Di Ruhetag.

✕ Mediterrane Küche
Barlovento
Camí Vell d'es Far 1
07157 Port d'Andratx
Tel.: +34 9 71 / 67 10 49
Eine große Auswahl an Fischgerichten hält das Lokal mit Blick zum Hafen bereit. Empfehlenswert sind auch die gut abgestimmten Weine.
Mo Ruhetag.

✕ Direkt am Wasser
Rocamar
Avinguda Almirante Alemany 27
07157 Port d'Andratx
Tel.: +34 9 71 / 67 12 61
www.restaurant-rocamar.com
Von kleinen, aber feinen mallorquinischen Speisen wie Pa amb Oli bis zum ofenfrischen Hummer reicht die Palette des Restaurants in Hafennähe. Tgl. geöffnet.

✕ Speisen mit Kultur
Limón y Chelo
Carrer Andalucía 23, 07150 Andratx
Tel.: +34 9 71 / 13 63 68
www.limonychelo.com
Internationale Küche mediterraner Herkunft steht hier auf dem Speiseplan. Serviert wird im Innenhof des Kulturzentrums Sa Taronja.
Mo und Di Ruhetag.

SPORT & FREIZEIT
Aqua Mallorca Diving
Avinguda Almirante Alemany 23
07157 Port d'Andratx
Tel.: +34 9 71 / 67 43 76
www.aqua-mallorca-diving.com
Tauchgänge für Anfänger und Profis sowie Schnorcheln bietet die erfahrene Tauchschule Aqua Mallorca Diving. Der Grundpreis für einen Tauchgang beträgt 32 €.

MIT KINDERN UNTERWEGS
Marineland
Carrer Garcilaso de la Vega 9
Costa d'en Blanes
07184 Calvià
Tel.: +34 9 71 / 67 51 25

www.marineland.es
Vorführungen mit Seelöwen, Papageien und Delfinen stehen auf dem Tagesprogramm. Der Eintritt beträgt für Erwachsene 22,50 €, Kinder ab vier Jahren zahlen 16,50 €, der Park ist von 9:30–18 Uhr geöffnet.

SERVICEINFOS
Touristinformation
Avinguda de la Cúria
07150 Andratx
Tel.: +34 9 71 / 62 80 19
www.andratx.net

▶ VALLDEMOSSA
2.000 Einwohner (S. 180, C/D4)

Etwa 15 km von Palma entfernt, schmiegt sich der idyllische Ort Valldemossa an die grünen Steilhänge der Serra de Tramuntana. Ruhige Minuten können die Dorfbewohner an einer Hand abzählen – eine halbe Million Besucher jährlich verwandeln die Postkartenlandschaft in eine Touristenhochburg.

Der Komponist und die Kartause
Valldemossa fand seinen Eingang in die Geschichte bereits im 13. Jh., als der Bau der **Pfarrkirche Sant Bartomeu** erwähnt wurde. Erste Anwohner ließen sich in der Nähe des Gotteshauses nieder und lebten von der Landwirtschaft. Viele Jahrhunderte sahen die Dorfbewohner außer den gefürchteten Piraten kaum einen Fremden, ehe **Frédéric Chopin** nach Mallorca reiste, um den Winter 1838/39 in Valldemossa zu verbringen. Der berühmte Komponist wollte im milden Mittelmeerklima sein Tuberkuloseleiden lindern und zog mit seiner Geliebten George Sand in die **Cartoixa de Valldemossa** (Plaça de la Cartoixa, Tel.: +34 9 71 / 61 21 06, www.cartujadevalldemossa.com, Nov.–Febr. Mo bis Sa 9:30–16:30 Uhr, März–Okt. Mo bis Sa 9:30–18 Uhr, So 10–13 Uhr, Erwachsene 8,50 €). Seiner Gesundheit kam der Aufenthalt zwar nicht zugute, doch hat Chopin zweifellos zum Ende der Beschaulichkeit Valldemossas beigetragen – die Kartause zählt heute neben der Kathedrale von Palma zu den beliebtesten Sehenswürdigkeiten Mallorcas.

Caterina, die Heilige Mallorcas
Valldemossa hat seine Berühmtheit jedoch nicht nur Frédéric Chopin zu verdanken. Das Dorf ist auch der Geburtsort von **Caterina Tomàs i Gallard**, der einzigen Heiligen Mallorcas. Die 1531 in Valldemossa geborene Caterina betete als junge Frau an einem selbst gebauten Altar unter freiem Himmel. Die Gebete waren begleitet von mystischen Erscheinungen und Visionen, weshalb Papst Pius XI. sie 1930 heilig sprach. Jedes Jahr findet Ende Juli Caterina zu Ehren ein mehrtägiges Fest statt. Den Höhepunkt bildet ein bunter Umzug am 28. Juli.
Das zu einer Kapelle umgewandelte **Geburtshaus Caterinas** kann besichtigt werden (Carrer Rectoria 5, neben der Kirche Sant Bartomeu).

IV UNTERWEGS AUF MALLORCA

Die dritte christliche Hauptattraktion Valldemossas ist die **Ermita de la Trinitat**. Sie befindet sich etwa 1 km außerhalb der Ortschaft in Richtung Deià. Die meditative Klosteranlage wird im Gegensatz zur Kartause noch immer von Mönchen bewohnt. Der ruhige, schattige Ort mit seinen Kräutergärten lädt Besucher zum Verweilen beim Picknick ein.

ÜBERNACHTEN

Blick aufs Meer
Hotel El Encinar* €€€–€€€€
Carretera Valldemossa-Deià
07170 Valldemossa
Tel.: +34 9 71 / 61 20 00
www.hotelencinar.com
Die zehn Doppelzimmer und 30 Appartements sind mit Heizung, Fernseher, Safe und Balkon ausgestattet.

Mitten im Ort
Es Petit Hotel €€€–€€€€
Carrer Uetam 1, 07170 Valldemossa
Tel.: +34 9 71 / 61 24 79
www.espetithotel-valldemossa.com
Die großzügigen Doppelzimmer sind hell und mit typisch mallorquinischen Elementen abgestimmt. Der Ausblick auf die Bergkette ist hervorragend.

Im historischen Herrenhaus
Son Escanelles €€€€
Cami Son Escanelles 19
07170 Valldemossa
Tel.: +34 9 71 / 61 21 16
www.escanelles.com
Nur zehn Minuten Fußweg trennen das Landgut Son Escanelles vom Ortskern Valldemossa. Die riesige Finca mit ihren Zitrusbäumen schafft einen erholsamen Abstand zum Alltagsstress.

▶ *Blick auf die Cartoixa de Valldemossa.*

SERRA DE TRAMUNTANA

ESSEN & TRINKEN
✕ *Alte Ölmühle*
Restaurant Ca'n Costa
Carretera Valldemossa-Deià km 70
07170 Valldemossa
Tel.: +34 9 71 / 61 22 63
www.cancostavalldemossa.com
Das urige Restaurant im Grünen serviert mallorquinische Gerichte zu angemessenen Preisen. Utensilien zur Herstellung von Olivenöl verleihen dem Restaurant sein besonderes Flair. Di Ruhetag.

↳✕ *Menüs zu fairen Preisen*
Hotelrestaurant Valldemossa
Carretera Vieja de Valldemossa
0710 Valldemossa
Tel.: +34 9 71 / 61 26 26
www.valldemossahotel.com
Die Küche im Luxushotel bereitet feine Gerichte in hochklassigem Ambiente zu, für die etwa 20 € zu Buche schlagen. Tgl. geöffnet.

ABENDGESTALTUNG
Chopin-Festival
Claustre de la Cartoixa 2–3
07170 Valldemossa
Tel.: +34 9 71 / 61 23 51
www.festivalchopin.com
Regelmäßig finden im Sommer Konzerte statt. Karten sind im Kartäuserkloster erhältlich.

SERVICEINFOS
Touristinformation
Avinguda de Palma 7
07170 Valldemossa
Tel.: +34 9 71 / 61 20 19
www.infomallorca.net

Costa Nord de Valldemossa !TIPP

Empfehlenswert ist ein Besuch des Kulturzentrums Costa Nord. Michael Douglas, Eigentümer eines Anwesens in der Region, zeigte sich derart begeistert von der Insel, dass er dieses Zentrum ins Leben rief.
Im Fokus stehen die Geschichte und Tier- und Pflanzenwelt der Serra de Tramuntana. Außerdem finden regelmäßig kulturelle Veranstaltungen statt.

Avinguda de Palma 6
07170 Valldemossa
Tel.: +34 9 71 / 61 24 25
www.costanord.es
Mo bis So 9–17 Uhr,
Erwachsene 7,50 €, Kinder 4,50 €.

▶ DEIÀ
800 Einwohner   (S. 181, D4)

Auch Deià gehört zu den Orten, der seine arabischen Wurzeln im Namen trägt: „daia" bedeutet auf Deutsch schlicht „Feld". Doch die Bezeichnung täuscht – im gemütlichen Dorf inmitten der Berge tummelt sich alljährlich eine Vielzahl an Besuchern – Hotels, Restaurants und Boutiquen reihen sich aneinander. Das Geschäft mit dem Tourismus ist auch hier längst zur Haupteinnahmequelle geworden.

Das „Künstlerdorf"
Deià kann auf eine lange Tradition illustrer Gäste zurückblicken: Der britische Schriftsteller Robert Graves (1895–1985) lebte in den 1930er Jahren hier und brachte das Dorf

erstmals bei Künstlern ins Gespräch. Das **Graves-Museum** mit seinem Original-Interieur und der üppige Garten vermitteln einen Eindruck vom Alltag des Lyrikers (Carretera Deià-Sóller, +34 9 71 / 63 61 85, www.lacasaderobertgraves.com, April bis Okt. Mo bis Fr 10–17 Uhr und Sa 10–15 Uhr, Nov., Febr. und März Mo bis Fr 9–16 Uhr, Sa 9–14 Uhr, Dez. und Jan. eingeschränkte Öffnungszeiten, Erwachsene 5 €, Kinder 2,50 €). Im Laufe der Zeit folgten Graves weitere Künstler nach Deià. Eric Clapton und Jimi Hendrix haben sich hier inspirieren lassen und Deià der Öffentlichkeit bekannt gemacht. In den 1980er Jahren spielte hier die Fernsehserie „Hotel Paradies", die weitere wohlhabende Besucher in das Bergdorf lockte. So wandelte sich schließlich das Bild vom Künstlerdorf zum exklusiven Treffpunkt der Prominenz.

Klassische Konzerte und Kultur

In den Sommermonaten sind das Landgut Son Marroig und das Kloster Miramar bei Deià Schauplätze klassischer Konzerte. Zwischen April und September interpretiert das Kammerorchester an Donnerstagen und Wochenenden beim **Deià International Music Festival** Stücke in einmaliger Atmosphäre (Informationen zum aktuellen Terminplan www.dimf.com, Tel.:+34 9 71 / 63 91 78). In der **Pfarrkirche Sant Joan Baptista** finden ebenfalls Konzerte statt. Doch auch ein Besuch in aller Stille beeindruckt die Touristen mit barocker Pracht. Der **Dorffriedhof** von Deià beherbergt Gräber bekannter Künstler, darunter das von Robert Graves.

Cala de Deià

Eine schmale Straße führt etwa 2 km hinunter zur felsigen Cala de Deià. Der Kiesstrand ist auch über Fußwege erreichbar. Ein Bootshafen und die mediterrane Vegetation aus Dissgras und Kiefern machen die Bucht in der Hochsaison zum Touristenmagnet.

ÜBERNACHTEN

Restaurierte Ölmühle
Refugi Can Boi €
Carrer des Clot 5, 07179 Deià
Tel.: +34 9 71 / 17 37 00
Auf dem Weg zur Bucht von Deià kommt man an der Herberge mit Mehrbettzimmern vorbei. Preislich bietet sie ein Kontrastprogramm zu den Luxushotels und richtet sich primär an Wanderer.

Familiäre Atmosphäre
Hostal Villaverde €€
Carrer Ramon Llull 19, 07179 Deià
Tel.: +34 9 71 / 63 90 37
www.hostalvillaverde.com
Günstige Unterkünfte sind in Deià rar. Im Hostal Villaverde gibt es angemessenen Komfort zu sehr fairen Preisen.

Mit Gipfelkulisse
Hotel D'Es Puig €€€–€€€€
Carrer Es Puig 4, 07179 Deià
+34 9 71 / 63 94 09

SERRA DE TRAMUNTANA IV

www.hoteldespuig.com
Von den hohen Bergen der Serra de Tramuntana umgeben, verspricht das Hotel mediterrane Gemütlichkeit pur. Mit kleinem Pool.

ESSEN & TRINKEN

✕ *Rustikales Landgasthaus*
Xelini
Carrer Arxiduc Lluís Salvador 19
07179 Deià
Tel.: +34 9 71 / 63 91 39
www.xelini.com
Das Xelini verbindet in seinen 130 Jahre alten Gemäuern Tradition mit Modernität. Typisch mallorquinische Gerichte werden hier täglich frisch zubereitet. Tgl. geöffnet.

✕ *Gehobene Küche*
Es Racó d'es Teix
Carrer de sa Vinya Veia 6
07179 Deià
Tel.: +34 9 71 / 63 95 01
www.esracodesteix.es
Wer Gerichte wie etwa Kalbshaxe mit Oktopus probieren möchte, sollte hier einkehren. Die Küche von Josef Sauerschell ist mit einem Michelin-Stern ausgezeichnet. Der passende Wein wird vom hauseigenen Sommerlier empfohlen.
Mo + Di Ruhetag. Über die Wintermonate geschlossen.

SERVICEINFOS

Gemeindeverwaltung
Carrer de Es Porxo 4
07179 Deià
Tel.: +34 9 71 / 63 90 77
www.ajdeia.net

▶ SÓLLER

13.900 Einwohner   (S. 181, E4)

Schon die Römer und später die Mauren wussten das fruchtbare Tal mit dem milden Klima zu schätzen und pflanzten Orangenplantagen an. Über das ganze Jahr verteilte Niederschläge und die von den Arabern übernommene ausgefeilte Bewässerungstechnik sorgten für reiche Ernten.
Bis in das 19. Jh. hinein exportierten die Sóllerics die sonnengereiften Früchte von Port de Sóller nach Frankreich und auf das spanische Festland. Gegen Ende des vorletzten Jahrhunderts brach der Verkauf des Exportschlagers jedoch ein, als die Orangenbäume von einer rätselhaften Krankheit heimgesucht wurden.

▶ *Die Pfarrkirche Sant Bartomeu in Sóller.*

IV UNTERWEGS AUF MALLORCA

Viele Bewohner Sóllers verloren mit der sonst so ertragreichen Horta de Sóller (Garten von Sóller) ihre Lebensgrundlage und suchten ihr Glück in Frankreich, Spanien und Lateinamerika. Doch ein Großteil kehrte schon bald zurück in seine Heimat mit dem vielversprechenden Namen arabischen Ursprungs (suliar = goldenes Tal).

Der Orangenexpress

Von Palma erreichen täglich tausende Besucher die von einer traumhaften Gipfelkulisse umsäumten Gemeinde bequem mit dem **Ferrocarril de Sóller** (Plaça d'Espanya 6, Tel.: +34 9 71 / 63 01 30, www.trendesoller.com, Palma-Sóller und zurück 17 €, Weiterfahrt Sóller-Port de Sóller mit der Straßenbahn 4 €). Doch nicht nur wegen der nostalgischen Fahrt mit der Schmalspurbahn aus dem Jahre 1912 ist Sóller eine Reise wert. Vor der Pfarrkirche **Sant Bartomeu** befindet sich die **Plaça de Constitucìò**. Der beliebte Platz ist umsäumt von Cafés und kleinen Restaurants, Platanen spenden Schatten. Touristen wie Einheimische genießen hier die milde Abendluft in vertrauter Atmosphäre.

Port de Sóller und Sa Calobra

Einige Besucher nutzen die Gelegenheit und fahren mit der Straßenbahn (tranvía) in die benachbarte Hafenbucht von Port de Sóller. Über die Geschichte der Fischerei und des Hafens erzählt das Schifffahrtsmuseum **Museu de la Mar** (Carrer Sta. Caterina d'Alexandria 50, Tel.: +34 9 71 / 63 22 04, www.a-soller.tiscalibiz.com/museudelamar, Mi bis Sa 10–17 Uhr, So und Feiertage 10–14 Uhr, Nov.–Jan. und Mo + Di (auch an Feiertagen) geschlossen). Die Bucht ist in erster Linie für ankernde Boote und Schiffe vorgesehen, insofern ist Port de Sóller für Schwimmer wenig attraktiv. Einen prägenden Eindruck der Gebirgsregion um Sóller verschafft eine Fahrt mit dem Katamaran entlang der steilen Felsküste zur Bucht von **Sa Calobra.** Der Anbieter vor Ort heißt Barcos Azules (Passeig Es Través 3, Tel.: +34 9 71 / 63 01 70, www.barcosazules.com, Abfahrt Port de Sóller 11 Uhr, Sa Calobra 14 Uhr, ein Tag vorher bestätigen, Hin- und Rückfahrt Erw. 22 €, Kinder 11 €, einfache Fahrt 13 €, Kinder 6 €). Von hier aus bietet sich eine Wanderung in die atemberaubende Schlucht des **Torrent de Pareis** an (siehe auch S. 140).

ÜBERNACHTEN

Tradition an der Promenade
Hotel Marina €€
Paseo La Playa s/n
07108 Puerto de Sóller
Tel.: +34 9 71 / 63 14 61
www.hotelmarinasoller.com
Das familiengeführte Hotel kann auf eine 75-jährige Geschichte zurückblicken. Doppelzimmer, Studios, Appartements und Suiten mit Meer- oder Bergblick und Restaurant.

SERRA DE TRAMUNTANA IV

▶ *Port de Sóller.*

⌨✕ *Zentrumsnah*
Hotel Ca'l Bisbe**** €€€
Bisbe Nadal 10, 07100 Sóller
Tel.: +34 9 71 / 63 12 28
www.hotelcalbisbe.com
Modern eingerichtete Doppelzimmer und Suiten, wahlweise auch mit Balkon, in ländlichem Stil erwarten den Besucher. Der Blick auf die Berge sorgt für Entspannung.

⌨✕ *Am Hafen*
Hotel Es Port €€€–€€€€
Carrer Antonio Montis s/n
07108 Port de Sóller
Tel.: +34 9 71 / 63 16 50
www.hotelesport.com
Direkt an der Bucht von Port de Sóller wurde im 17. Jh. ein Herrenhaus erbaut, das heute als Hotel die Gäste mit Spa und Pool verwöhnt.

⌨ *Im Herzen der Natur*
Finca Ca's Curial €€€€
Carrer La Villalonga 23
07100 Sóller
Tel: +34 9 71 / 63 33 32
www.cascurial.com
Außer Doppelzimmern verfügt das Ca's Curial über einige Suiten. Die Finca ist umgeben von Orangenplantagen. 10 Min. Fußweg trennen das Hotel vom Zentrum Sóllers.

ESSEN & TRINKEN
✕ *Mallorquinische Spezialitäten*
Es Racó des Port
Carrer Santa Catalina 6
07108 Port de Sóller
Tel.: +34 9 71 / 63 36 39
www.esracodesport.com
Frischer Fisch, Fleisch und Reis stehen auf dem Einkaufszettel des

IV UNTERWEGS AUF MALLORCA

Kochs aus Marseille. Die mediterranen Gerichte werden in rustikalem Ambiente serviert. Mi Ruhetag.

✕ *Mediterrane Menüs*
Ca's Xorc
Carretera de Deià, km 56,1
07100 Sóller
Tel.: +34 9 71 / 63 82 80
www.casxorc.com
Feine Mittagsgerichte und opulente Drei-Gänge-Menüs am Abend überraschen den Gast mit regelmäßig wechselnden Speisen. Di Ruhetag, öffnet im späten Frühjahr.

✕ *Bar und Restaurant*
Agapanto
Camino del faro 2
07108 Port de Sóller
www.agapanto.com
Tel.: +34 9 71 / 63 38 60
Mit Fingerfood und frischen Säften erfreut das Agapanto seine Gäste. Den größeren Hunger stillen fein abgestimmte Menüs.
Täglich geöffnet.

✕ *Im Freien genießen*
Sa Cova
Plaça Constitució 7, 07100 Sóller
Tel.: +34 9 71 / 63 32 22
Zu den Spezialitäten des kleinen Restaurants mit gemütlichem Außenbereich zählen auch Kaninchengerichte. Mo Ruhetag.

ABENDGESTALTUNG
Bar Restaurant Nautilus
Carrer Llebeig 1
07108 Port de Sóller
Tel.: +34 9 71 / 63 81 86
www.nautilus-soller.com
Wer den Tag mit einem Whiskey oder Cocktail beschließen möchte, findet in der Bar Nautilus einen geeigneten Platz. Auch die Küche ist empfehlenswert. Tgl. geöffnet.

SERVICEINFOS
Touristinformation
Plaça Espanya 15, 07100 Sóller
Tel.: +34 9 71 / 63 80 08
www.ajsoller.net

▶ *Schöne Häuser zieren die Straßen in Sóller.*

▶ POLLENÇA
17.300 Einwohner (S. 182, B2)

Im Jahre 123 v. Chr. gründete Quintus Cecilius Metellus am Rande der heutigen Stadt Alcúdia die römische Siedlung Pollentia (lat. für „die Mächtige"). Die antike Ortschaft ist längst Geschichte, doch ihr Name lebte fort. Zur Zeit der Maurenherrschaft nannten die Araber sie Bullansa, ehe sie nach der Reconquista erneut umgetauft wurde.

SERRA DE TRAMUNTANA IV

Heute liegt die Stadt Pollença etwa 10 km von Alcúdia entfernt an den Ausläufern der Serra de Tramuntana. Einen Blick in die Vergangenheit werfen Touristen in der **Casa Museu Dionís Bennàssar** (Carrer de la Roca 14, Tel.: +34 9 71 / 53 09 97, www.dionisbennassar.es, Di bis So 10:30 – 13:30 Uhr, Erwachsene 2 €). Außer den Werken des Malers Dionís Bennàssar zeigt das Museum den Alltag, wie er sich im 17. Jh. in einem typisch mallorquinischen Haus abspielte.

Natürliche Vielfalt

Die Umgebung Pollenças ist geprägt durch eine Vielzahl unterschiedlicher Biotope: Im Süden breitet sich auf knapp 300 Hektar das Naturschutzgebiet und Vogelparadies **S'Albufereta** aus (Carretera Port de Pollença-Alcúdia, Tel.: +34 9 71 / 89 22 50). Mit etwas Glück sind in dem Sumpfgebiet Purpurhühner, Stelzenläufer und sogar Fischadler anzutreffen. Im Norden der Gemeinde bedecken Steineichenwälder die Ausläufer der Serra de Tramuntana. Die im Inland Mallorcas allgegenwärtige, steppenartige Buschlandschaft mit vereinzeltem Palmenbewuchs rundet das Bild ab. Zur Erkundung der Berglandschaft Pollenças bietet der Outdoor-Veranstalter Mon d'Aventura geführte Tageswanderungen durch das Tal von Ternelles zum **Castell del Rei** an (Plaça Vella 8, Tel.: +34 9 71 / 53 52 48, www.mondaventura.com, ab 30 € pro Person).

Kunst und Kultur

Kürzer ist der Anstieg zum **Puig de Maria**. Auf dem Gipfel befindet sich ein Kloster aus dem 15. Jh. mit einer Statue der Jungfrau Maria. Die gotischen Gemäuer gehören zu den sehenswertesten christlichen Bauwerken Mallorcas. Der 333 m hohe Berg wird auch gerne wegen des schönen Panoramablicks bestiegen. Weitere gotische Kunstobjekte und auch zeitgenössische Gemälde sind im **Museu de Pollença** ausgestellt (Carrer Guillem Cifre de Colonya, Tel.: +34 9 71 / 53 11 66, Juli – Sept. Di bis So 10 – 13 Uhr und 17:30 – 20:30 Uhr, Okt. – Juni Di bis So 11 – 13 Uhr, Erwachsene 1,50 €, Kinder unter 12 Jahren frei). Das Stadtmuseum ist in den ehrwürdigen Mauern eines ehemaligen Dominikanerklosters untergebracht.

Port de Pollença

In dem Städtchen an der ruhigen, geschützten Bucht von Pollença sind hauptsächlich wohlhabende Spanier und Briten anzutreffen. Noble Unterkünfte reihen sich in dem 6.900-Einwohner-Ort aneinander, Pauschaltouristen sind hier in der Minderheit. Außerordentlich beliebt ist Port de Pollença für Wassersportler. Unter Segelfreunden gilt die Bucht als begehrter Liegeplatz für Boote und Jachten.

Cap de Formentor

Im Nordosten der Insel stürzt die Serra de Tramuntana eindrucksvoll ins Meer – Grund

UNTERWEGS AUF MALLORCA

genug für viele Urlauber, bei einem Ausflug zum Kap den traumhaften Blick auf die Felskulisse zu genießen. Besonders beliebt ist die einzigartige Straßenführung zum aussichtsreichen Ende der Insel mit dem charakteristischen Leuchtturm. Die Folge: Häufig ist das Cap de Formentor heillos überfüllt.

ÜBERNACHTEN

Günstig gelegen
Hostal La Goleta** €
Paseo Saralegui 118
07470 Port de Pollença
Tel ı34 9 71 / 86 59 02
www.puertopollensa.com/lagoleta
Direkt am Strand und zugleich zentrumsnah empfängt das schlichte, aber dafür preislich attraktive Hostal seine Gäste. Im Erdgeschoss befindet sich das gleichnamige Restaurant.

Im Zentrum
Ca'l Lloro €€–€€€
Carrer Antoni Maura 38
07460 Pollença
Tel.: +34 9 71 / 53 54 93
www.cal-lloro.com
Das Ca'l Lloro ist in einem alten, renovierten Landhaus mit großer Terrasse ist untergebracht. Traditionelles Mobiliar und zeitgemäßes Interieur stehen hier im Kontrast. Das familiäre Hotel verfügt über acht Doppelzimmer.

Mit schönem Café
Hotel Juma*** €€–€€€
Plaça Major 9, 07460 Pollença
Tel.: +34 9 71 / 53 50 02
www.pollensahotels.com
Die in rustikalem Stil eingerichteten Zimmer sind mit Internetzugang ausgestattet. Das Hotel ist bereits in fünfter Generation familiengeführt.

Eleganz am Meer
Hotel Illa d´Or **** €€€–€€€€
Paseo Colón 265
07470 Port de Pollença
Tel.: +34 9 71 / 86 51 00
www.hotelillador.com

▶ *Blick auf Port de Pollença.*

Ganz in Weiß präsentiert sich das Illa d'Or. Die klassische Architektur fügt sich schön in die Bergkulisse ein, die Zimmer weisen auch moderne Stilelemente auf.

ESSEN & TRINKEN
✗ *Ein Italiener auf Mallorca*
Il Giardino
Plaça Mayor 11, 07460 Pollença
Tel.: +34 9 71 / 53 43 02
www.giardinopollensa.com
Außer der großen Vielfalt an Pastagerichten sind auch die Desserts sehr empfehlenswert. Kaffee und Kuchen sind ebenfalls erhältlich. Von März bis Okt. tgl. geöffnet.

✗ *An der Mole*
La Llonja
Moll Vell s/n
07470 Port de Pollença
Tel.: +34 9 71 / 86 84 30
www.restaurantlallonja.com
Die überdachte Terrasse direkt am Fischerhafen macht Lust auf eines der ausgezeichneten mediterranen Gerichte. Tgl. geöffnet, im Winter geschlossen.

✗ *Mit Bistro*
Corb Marí
Paseo Anglada Camarassa 91
Port de Pollença
Tel.: +34 9 71 / 86 70 40
www.restaurantecorbmari.info
Bekannt ist dieses gemütliche Restaurant durch seine Gerichte vom Grill und Fisch aus dem Holzofen. Terrasse mit Blick aufs Meer. Täglich geöffnet.

SANTUARI DE LLUC

Von Pollença aus führt eine 20 km lange Straße zum Santuari de Lluc. Ehemals ein zwischen Bergen der Tramuntana versteckter Wallfahrtsort, zählt das Santuari de Lluc heute zu den herausragenden touristischen Zielen Mallorcas. Wo einst Pilger ihre stillen Gebete sprachen, erleben Besucher heute dieses Heiligtum nebst Übernachtungs- und Einkaufsmöglichkeiten, einem botanischen Garten und Informationsbüro. Das Highlight der weitläufigen Anlage ist der prunkvolle Altarraum mit der berühmten Marienfigur Mare de Déu de Lluc, der Schutzheiligen Mallorcas. Die Ursprünge des Santuaris reichen zurück in das 13. Jh. Damals befand sich hier eine Kapelle, die König Jaume I. zunächst zur Einsiedelei erweitern ließ. Der umfangreiche Bau der Kirche mit dem prächtigen Altar konnte Ende des 17. Jh. abgeschlossen werden.
Plaça dels Pelegrins 1, 07315 Lluc,
Tel.: +34 9 71 / 87 15 25,
www.lluc.net.

MIT KINDERN UNTERWEGS
Centro de Hípica Formentor
Platja de Formentor s/n
07470 Port de Pollença
Tel.: +34 9 71 / 89 91 00
Ausflüge zu Pferd in die naturnahe Umgebung.

SERVICEINFOS
Tourismusinformation
Carrer Sant Domingo 17
07460 Pollença
Tel.: +34 9 71 / 53 50 77
www.pollensa.com

UNTERWEGS AUF MALLORCA

Raiguer
Quellen des Lebens

Zwischen den aufragenden Karstgipfeln des Tramuntana-Gebirges und der heißen Ebene Es Plà liegt die Übergangszone Es Raiguer. Die zahlreichen Gebirgsquellen versorgen die Zone mit reichlich Wasser und machen sie attraktiv für die Landwirtschaft. Als Zentrum der Region gilt die für ihr Lederhandwerk bekannte Stadt Inca.

▶ ALARÓ

5.300 Einwohner (S. 181, E4)

Etwa 30 km nordöstlich der Hauptstadt Palma liegt, umrahmt von Mandelbaumplantagen und Olivenhainen, die Kleinstadt Alaró. Zu der rund 50 km² großen Gemeindefläche zählen acht Berggipfel, darunter der 836 m ü. NN hohe Puig de Sa Font Fresca. In der Innenstadt erwarten den Besucher zahlreiche Cafés und Restaurants.

Bewegte Geschichte

Seit über 1.000 Jahren liegt das **Kastell von Alaró** auf dem Gipfel des Puig d'Alaró (824 m ü. NN). Durch seine strategisch wichtige Position war es zu Beginn des 10. Jh. Schauplatz der arabischen Invasion. Über acht Jahre hielten die christlichen Herrscher den Angriffen stand, ehe die Festung den Mauren in die Hände fiel. Dem Ausbau des Castell d'Alaró folgten nun 300 Jahre arabischer Herrschaft. Erst im Zuge der Reconquista wurde es 1231 erneut zu einem christlichen Bollwerk. Weitere Sicherungsmaßnahmen sollten die Festung uneinnehmbar machen – doch ohne Erfolg. Als der aragonesische König Alfons III. 1285 Mallorca unterwerfen wollte, verschanzten sich die Kommandeure Guillem Cabrit und Guillem Bassa in dem Kastell und leisteten erbitterten Widerstand. Als Brassa und Cabrit nach jahrelanger Belagerung zermürbt aufgaben, bekamen sie den ganzen Zorn des Königs zu spüren: Alfons III. ließ die zähen Verteidiger in Anlehnung an ihre Namen (Cabrit = Ziege, Brassa = Grill) bei lebendigem Leib verbrennen. Die Widerstandskämpfer für ein autonomes Mallorca werden noch heute als Volkshelden gefeiert.

Natur und Kultur

Die früher hart umkämpfte Festung ist längst zur Ruine verfallen. Als Aussichtspunkt mit fantastischer Fernsicht ist sie heute ein beliebtes Ausflugsziel zahlreicher Touristen (**Castell d'Alaró**, 500 m vor Ortseingang nach rechts abbiegen, etwa 4 km auf teils schlecht befestigtem Weg zur Gaststätte Es Verger, von dort zu Fuß ca. 45 Minuten bis zur Ruine). In nur fünf Minuten erreicht man von dem Castell aus das Hochplateau des Bergmassivs mit der Kapelle Nostra Senyora de Refugi. Auch eine gleichnamige Herberge mit Bewirtschaftung und Übernachtungsmöglichkeit befindet sich auf dem Berg.

Weitere empfehlenswerte Wanderungen führen von Alaró über den Paso S'Escalet in das romantische Dorf Orient und ins liebliche Tal Clot d'Almedra. Kulturell Interessierte finden im **Museum Addaya** Ausstellungen zeitgenössischer Kunst (Addaya Centre d'Art Contemporani, Carrer Alexandre Rosselló 10, Tel.: +34 9 71 / 51 00 45, www.addaya-art.com, Mi bis Sa 10:30–13:30 Uhr und 17–20:30 Uhr, Eintritt frei).

ÜBERNACHTEN

Inmitten der Natur
Son Penyaflor €€
Camí d'es Castell, 07340 Alaró
Tel.: +34 9 71 / 51 00 71
www.sonpenyaflor.com
Zimmer mit herrlichem Ausblick und ruhiger Lage. Spaziergänge auf dem Gelände der ehemaligen Finca sorgen für Erholung.

Wellness
L'Hermitage**** €€€
Carretera Alaró-Bunyola
07349 Orient
Tel.: +34 9 71 / 18 03 03
www.hermitage-hotel.com
Die Umgebung des ehemaligen Klosters ist geprägt von Olivenhainen und Steineichenwäldern. Die 20 Zimmer verfügen zum Teil über Kamin und Zugang zur Gartenanlage.

Vorreiter der Elektrizität

Bereits 1901 wurde Alaró als erster Ort auf Mallorca mit elektrischem Strom versorgt. Die Brüder Gaspar und Josep Perelló konstruierten die ursprünglich mit einer Dampfmaschine betriebene Anlage in dem kleinen Dorf. Erst zwei Jahre später zog die Hauptstadt Palma nach. Zum hundertjährigen Jubiläum wurde das Elektrizitätswerk restauriert und große Feierlichkeiten eingeleitet. Das historische E-Werk ist täglich geöffnet, der Eintritt ist frei.

IV UNTERWEGS AUF MALLORCA

Komfort und Entspannung
Son Palou**** €€€–€€€€
Plaça de l'Eglèsia, 07349 Orient
Tel.: +34 9 71 / 14 82 82
www.sonpalou.com
Ruhig im Nachbardorf Orient gelegen, versprüht das Landhotel den Charme einer mediterranen Finca in den Bergen. Der große Garten und die Terrasse laden zum Sonnenbad ein.

ESSEN & TRINKEN
Traditionelle Küche
S'Olivaret
Carretera Alaró-Orient
07349 Orient
Tel.: +34 9 71 / 51 08 89
www.solivaret.com
Das Hotel-Restaurant bereitet Gerichte aus der Mittelmeerküche zu. Ein eigener Weinkeller zählt ebenfalls zum S'Olivaret. Tgl. geöffnet, Anfang Nov. bis Ende März geschlossen.

Rustikales Ambiente
Es Verger
Camí de's Castell 143, 07340 Alaró
Tel.: +34 9 71 / 18 21 26
Im schlichten Gasthaus Es Verger wird mallorquinische Hausmannskost serviert. Deftige Mahlzeiten mit Lamm stehen auf dem Speiseplan. Tgl. geöffnet.

SPORT & FREIZEIT
Son Termens Golf Club
Carretera S'Esglaieta-Santa Maria
07193 Bunyola
Tel.: +34 9 71 / 61 78 62
www.golfsontermens.com
Weitläufiger Golfplatz vor schöner Kulisse der Serra de Tramuntana. Gebühren ab 45 €.

SERVICEINFOS
Gemeindeverwaltung Alaró
Plaça de la Vila 17, 07340 Alaró
Tel.: +34 9 71 / 51 00 00
www.ajalaro.net

▶ *Die Ruine des Castell d'Alaró.*

RAIGUER IV

▶ BINISSALEM

7.200 Einwohner　　(S. 181, F5)

Die Ursprünge der Gemeinde reichen zurück bis in die Talaiot-Kultur. Auch Römer und Araber fühlten sich in der fruchtbaren Ebene wohl. Durch letztere erklärt sich auch der Name Binissalems. Zwei Ableitungen aus dem Arabischen werden mit der Herkunft des Ortes in Verbindung gebracht: Söhne des Friedens (Banu Salam) und Söhne des Salim (Banu Salim). Noch heute lassen sich Zisternen und Brunnen aus der Zeit der maurischen Herrschaft endecken. Die historische Altstadt ist erst im späten 18. Jh. entstanden. Als Wahrzeichen gilt die **Kirche Nostra Senyora de Robines**, dessen neogotischer Turm weithin sichtbar in den blauen Himmel ragt. Das Gotteshaus ist aus Binissalemstein gebaut, einem pastellfarbenen Sandstein, der im historischen Ortskern dominiert und für das verträumt-harmonische Dorfbild sorgt. Freitags findet auf dem Kirchplatz der beliebte Wochenmarkt statt.

Erstklassige Weine

Harmonie ist auch das Stichwort für den ausgezeichneten Wein, der im Gebiet um Binissalem angebaut wird. Zahlreiche Bodegas offerieren Touristen den „Traubensaft" zur Verkostung, darunter die 1932 gegründete Kellerei **Celler Albaflor Vins Nadal** (Carrer Ramon Llull 2, Tel.: +34 9 71 / 51 10 58, www.vinsnadal.com, Mo bis Do 9–13 Uhr und 15–18 Uhr, Fr 10–14 Uhr). Geführte Besichtigungen ihrer Kellerei bietet die **Bodega José L. Ferrer** an (Carrer Conquistador 103, Tel.: +34 9 71 / 51 10 50, www.vinosferrer.com, Mo bis Fr 11 Uhr und 16:30 Uhr, Erwachsene 6 €). Neben den regionalen Kostproben besteht in Binissalem auch die Möglichkeit, sich über die Geschichte der Insel zu informieren – diese wird im **Museu de Cera** anhand von Wachsfiguren historischer Persönlichkeiten nachgezeichnet. Außer König Jaume II., der die arabische Herrschaft auf der Insel beendete, und dem Gelehrten Ramon Llull, finden sich auch die Figuren bekannter Gäste wie Frédéric Chopin im Museum wieder (Carretera Palma-Inca km 25, Tel.: +34 9 71 / 51 12 28, Di bis So 10–13:30 Uhr und 14:30–19 Uhr, Erwachsene 8 €).

ÜBERNACHTEN

Elegant auf dem Land
Scott's Hotel****　€€€–€€€€
Plaça de s'Església 12
07350 Binissalem
Tel.: +34 9 71 / 87 01 00
www.scottshotel.com
Herrlich im Weinzentrum der Insel gelegen, laden die 18 stilvoll möblierten Zimmer mit übergroßen Betten zur Erholung ein.

Idylle mit Turm
Can Davero　€€€€
Carretera Binissalem-Biniali km 2,6
07350 Binissalem

UNTERWEGS AUF MALLORCA

Tel.: +34 9 71 / 88 60 77
www.candavero.com
Umgeben von Mandelbäumen und Zitrusplantagen wartet das Can Davero mit zehn hellen Zimmern auf. Die weitläufige Finca mit Pool schafft eine Atmosphäre aus Ruhe und Entspannung.

ESSEN & TRINKEN
✕ *Regionale Kost*
Can Arabí
Camí de Bellveure
07350 Binissalem
Tel.: +34 9 71 / 51 22 11
www.restaurantcanarabi.com
Typische Gerichte aus Binissalem und der mallorquinischen Küche landen hier auf dem Teller. Mit Terrasse. Tgl. geöffnet.

✕ *Zentral und gemütlich*
Robines Bar Restaurante
Plaça Església 25, 07350 Binissalem
Tel: +34 9 71 / 51 11 36
Mit dem mächtigen Kirchturm im Blickfeld können hier sowohl schnelle Snacks als auch deftige Fleischgerichte bestellt werden. Di Ruhetag.

SPORT & FREIZEIT
Festival Park
Carretera Palma-Inca km 7,1
07141 Marratxí
Tel.: +34 9 71 / 14 09 25
www.festivalpark.es
Eine Bowlingbahn, zahlreiche Mode- und Sportboutiquen sowie Bars versprechen einen kurzweiligen Nachmittag im Festival Park.

SERVICEINFOS
Gemeindeverwaltung Binissalem
Carrer Concepció 7
07350 Binissalem
Tel.: +34 9 71 / 88 65 58
www.ajbinissalem.net

▶ INCA
29.300 Einwohner   (S. 182, A4)

Etwa 30 km von Palma entfernt liegt am Fuße der Tramuntanakette die Stadt Inca. Ähnlich wie Binissalem war auch Inca in der Vergangenheit eines der zentralen Weinanbaugebiete der Insel. Doch als im 19. Jh. Seefahrer die Reblaus aus Amerika einschleppten, ging der Weinanbau um Inca zugrunde und wurde schließlich aufgegeben. Aus zahlreichen Weinkellereien entstanden die heute so beliebten wie ortstypischen Gastwirtschaften.

Die „Lederstadt"
Neben den Cellers prägt ein weiterer Wirtschaftszweig die Stadt: Als Zentrum für die Herstellung von Lederwaren aller Art hat sich der Ort einen Namen gemacht. Auf der Suche nach exklusiven Schuhen, Koffern oder Jacken streifen alljährlich zahlreiche Touristen durch die Läden der Gran Vía de Colom und des Bahnhofsviertels. Schnäppchenangebote sucht man hier jedoch meist vergeblich, die Preise sind auf Händlerniveau gestiegen. Auf Anfrage stellen die Anbieter auch maßgeschneiderte Lederkleidung her. Der einheimische **Schuhfabrikant Camper** hat in Inca

RAIGUER IV

▶ *Die Einsiedelei Santa Magdalena auf dem gleichnamigen Berg im Osten von Inca.*

einen Outlet-Store, in der Mängelexemplare zu vergünstigten Preisen auf Abnehmer warten (Polígono Industrial, Tel.: +34 9 71 / 88 83 61, www.camper.com, Mo bis Sa 10–20 Uhr).

Kirche, Kloster, Kunstmuseum
Nicht nur die vielen Lederwarengeschäfte lohnen einen Besuch in Inca. Auch die barocke Kirche **Santa Maria la Major** zieht staunende Blicke auf sich. Am Ende des Carrer Major ragt der Pfarrkirchenturm gen Himmel. Bereits im 13. Jh. stand hier ein Gotteshaus. Nach der Reconquista bemühte sich König Jaume III., das islamische Erbe Mallorcas durch christliche Symbole zu ersetzen. Die heutige Santa Maria la Mayor ist bereits das dritte Kirchengebäude an dieser Stelle. Es stammt aus dem frühen 19. Jh. Einige Gegenstände aus der ursprünglichen Kirche sind hier zu besichtigen, darunter in der Taufkapelle eine hölzerne Winde (Torno), mit der die früher üblichen Ganzkörpertaufen durchgeführt wurden.

Hier befindet sich auch das prächtige Gemälde „Santa Maria la Major" von Joan Daurer. Das Bild wird auf das Jahr 1373 datiert und ist damit das älteste Mallorcas, dessen Urheber bekannt ist.

Sehenswerte, zeitgenössische Kunst erwartet den Besucher im **Centre d'Art sa Quartera** (Plaça de sa Quartera, Tel.: +34 9 71 / 88 01 50, Mo bis Sa 18–22 Uhr, Do und Sa auch 10:30–13:30 Uhr). Die temporären Ausstellungen werden von der Gemeinde Inca gemeinsam mit der Stiftung „Sa Nostra" verwaltet.

IV UNTERWEGS AUF MALLORCA

ÜBERNACHTEN

Edel und familiär
Son Vivot €€€–€€€€
Carretera Palma-Alcúdia km 30
07300 Inca
Tel.: +34 9 71 / 88 01 24
www.sonvivot.com
Das liebevoll eingerichtete Hotel versprüht den reizvollen Charme eines imposanten, typisch mallorquinischen Herrenhauses. Die weitläufige Gartenanlage mit großem Swimmingpool lässt jeglichen Stress vergessen.

Geschichte erleben
Casa del Virrey**** €€€–€€€€
Carretera Inca-Sencelles km 2,4
07300 Inca
Tel.: +34 9 71 / 88 10 18
www.casadelvirrey.net
Das stilvolle Ambiente dieses alteingesessenen Hotels vermittelt dem Gast das Flair längst vergangener Zeiten. Große, offene Kamine und alte Gemälde werden hier ansprechend kombiniert mit modernem Komfort.

ESSEN & TRINKEN

Deftig und urig
Celler Can Amer
Carrer Pau 39, 07300 Inca
Tel.: +34 9 71 / 50 12 61
www.celler-canamer.com
Der ehemalige Weinkeller Can Amer mit seinem edlen Mobiliar ist nicht nur bei Touristen beliebt. Das Restaurant wird für seine Fleischgerichte geschätzt.
Sa und So Ruhetag.

Mallorquinische Gemütlichkeit
Celler Sa Travessa
Carrer Murta 16, 07300 Inca
Tel.: +34 9 71 / 50 00 49
In diesem romantisch erleuchteten Keller lässt es sich, umgeben von großen Eichenfässern, hervorragend speisen. Zu den deftigen Mahlzeiten kann aus einer Vielzahl erlesener Weine gewählt werden. Fr Ruhetag.

SERVICEINFOS
Ajuntamiento de Inca
Plaça de Espanya 1
07300 Inca
Tel.: +34 8 71 / 91 40 00
www.incaturistica.com

▶ SA POBLA
12.800 Einwohner   (S. 182, B4)

Bereits zur Zeit der Talaiotkultur war das fruchtbare Land Sa Poblas besiedelt. Später gründeten Araber hier die Siedlung Huyalfas. Die mallorquinischen Könige ernannten den Ort zum „königlichen Dorf". Von majestätischem Glanz ist Sa Pobla heute jedoch weit entfernt. Lediglich der Marktplatz mit den ihn umgebenden Herrenhäusern und die Pfarrkirche **Sant Antoni Abat** kommen dem beliebten, herausgeputzten Bild Mallorcas nahe. Das unscheinbare, von Gemüseanbauflächen umsäumte Städtchen im Nordosten Mallorcas wird vom Tourismus weitgehend ausgespart.

Feiern auf dem Land
Ein Großteil der Bewohner lebt von der Landwirtschaft. Und so

RAIGUER IV

verwundert es nicht, dass das alljährliche Volksfest ebenfalls mit landwirtschaftlichen Erzeugnissen zu tun hat. Auf der **Fira de Tardor** (Herbstmesse) im November dreht sich alles um ein ausgewähltes Produkt wie die Kartoffel oder den Reis. Vielfältige inseltypische Gerichte werden in dem Zusammenhang angeboten, Ausstellungen von Landmaschinen und Stände mit historischem Material runden die gut besuchte Veranstaltung ab.

Spielkultur und Tropfsteinhöhlen

Aufschlussreich und unterhaltsam zugleich ist auch die sehenswerte Spielzeugausstellung im **Museu de sa Jugueta Antiga** (Carrer de Antoni Maura 6, Tel.: +34 9 71 / 54 23 89, Sept.–Juni Di bis Sa 10–13:30 Uhr und 16–19:30 Uhr, So 10–13:30 Uhr, Juli und Aug. Di bis So 10–13:30 Uhr, Erwachsene 3 €). Die Kinderspielsachen vergangener Zeiten sind im Gebäudekomplex Can Planes untergebracht. Auch ein Ausstellungsraum für zeitgenössische Kunst wartet hier auf interessierte Besucher (Museu d'Art contemporani).

In knapp 50 m Tiefe entfaltet sich das Höhlenareal der **Coves de Campanet** über eine Fläche von 32.000 m². Begonnen hatte es mit einer kleinen Öffnung im Boden, die Guillem Torres i Cladera, den Gutsherren des umliegenden Possessió So na Pacs, veranlasst hatte, Nachforschungen anzustellen. Mit der eigentlichen Vermutung, einen unterirdischen Wasserlauf vorzufinden, wurde der Höhlenkomplex mehr zufällig entdeckt. Die Familie Torres erwarb das touristische Nutzungsrecht und begann, das Gelände auszubauen. Am 10. Nov. 1948 schließlich wurden die Coves de Campanet eröffnet (Camino Cuevas Campanet, 07310 Campanet, Tel.: +34 9 71 / 51 61 30, www.covesdecampanet.com, ganzjährig ab 10 Uhr geöffnet, Erwachsene 9 €, Kinder 4 €).

S'ALBUFERA

Nur etwa 4 km östlich von Sa Pobla entfernt, erstreckt sich das Naturschutzgebiet S'Albufera. Die weite Sumpflandschaft im Osten der Insel ist seit 1988 naturgeschützt und gilt als das bedeutendste Feuchtgebiet der Balearen. Neben zahlreichen Touristen tummeln sich auch regelmäßig Ornithologen und Biologen in S'Albufera. Die Tiervielfalt steigert sich in Frühling und Herbst, wenn zahlreiche Zugvögel hier Station machen. Auch der Flamingo macht dann in den weitläufigen Kanälen Rast, um sich für den Weiterflug zu stärken. Eingangsbereich auf der Meerseite, Tel.: +34 9 71 / 89 03 49, www.mallorcaweb.net/salbufera, April bis Sept. 9–18 Uhr, Okt. bis März 9–17 Uhr, Eintritt frei.

ÜBERNACHTEN

Ruhe am Bachlauf
Agrotourismo Son Pons €€€–€€€€
Carretera Búger-Sa Pobla
07311 Búger
Tel.: +34 9 71 / 87 71 42

IV UNTERWEGS AUF MALLORCA

www.sonpons.com
Die Finca Son Pons mit zugehörigem Fluss und Wald ist zum Naturschutzgebiet erklärt worden.
Die Zimmer sind geräumig und mit Wohnbereich ausgestattet.

⤴✗ Im Grünen
Monnaber Nou**** €€€€
Camino Viejo de Pollença
07310 Campanet
Tel.: +34 9 71 / 87 71 76
www.monnaber.com
Das luxuriöse Hotel ist von Olivenhainen umgeben, die Zimmer und Suiten sind hell und komfortabel. Die Gäste können sich auch im Spa-Bereich verwöhnen lassen.

ESSEN & TRINKEN
✗ Tapas und Tradition
Toni Cotxer
Plaça Major 19, 07420 Sa Pobla
Tel.: +34 9 71 / 54 00 05

Die Sandwiches lohnen einen Zwischenstopp. Das stadtbekannte Restaurant verfügt über ein Buffet zum Selbstbedienen. Die einfache Bestuhlung tut der Gemütlichkeit keinen Abbruch. Do Ruhetag.

✗ Schickes Design
XIC Restaurant
Carrer Major 123, 07420 Sa Pobla
Tel.: +34 8 71 / 99 71 13
www.xic-restaurant.com
Das XIC ist alles andere als klassisch eingerichtet. Das experimentelle Interieur ist bei Einheimischen beliebt, auch traditionelle Gerichte stehen auf der Karte. Di Ruhetag.

SERVICEINFOS
Gemeindeverwaltung
Plaça de la Constitució
07420 Sa Pobla
Tel.: +34 9 71 / 54 00 54
www.ajsapobla.net

▶ Die alte Stadtbefestigung in Alcúdia.

▶ ALCÚDIA

6.900 Einwohner (S. 182, C3)

Die Stadt im Nordosten Mallorcas ist für ihre gleichnamige Bucht bekannt: Auf einer Länge von 30 km wechseln sich hier Steilküstenabschnitte mit feinem Sandstrand ab. Doch nicht nur für Strandurlauber ist Alcúdia ein attraktives Ausflugsziel. Zeugnisse aus dem Mittelalter und der Antike erzählen von Piraten und Römern.

In der Mitte der Buchten von Pollença und Alcúdia gelegen, ist die Gemeinde Alcúdia mit ihren 19.000 Einwohnern berühmt für ihre abwechslungsreiche Küstenlandschaft. Einige der beliebtesten Strände der Insel warten hier auf sonnenhungrige Touristen – vom feinsandigen Sant Joan in Mal Pas bis zum felsigen Es Barcarès bei Morer Vermell.

Lebendige Vergangenheit

Unverwechselbar macht Alcúdia seine Stadtmauer aus dem 13. Jh. Die Stadtbefestigung geht zurück auf das mittelalterliche Alcúdia, als die Bewohner Angriffe arabischer Freibeuter zu fürchten hatten und Schutz hinter den massiven Wällen suchten. Noch heute ist die turmbewehrte Mauer in großen Teilen erhalten und begehbar. Einen Streifzug durch die Antike verspricht die Römerstadt **Ciutat Romana de Pollèntia** (Avenida Prínceps d'Espanya, Tel.: +34 9 71 / 18 42 11, www.ajuntamentalcudia.net/pollentia, Okt.–April Di bis Fr 10–16 Uhr, Sa und So 10–14 Uhr, Mai–Sept.

▶ *Església de Sant Jaume.*

täglich außer Mo 9:30–20 Uhr, Erwachsene 3 €, ermäßigt 2 €). Antike Keramikwaren, römische Skulpturen und sogar einige chirurgische Instrumente führen im dazugehörigen **Museu Monografic de Pollèntia** zurück in die Zeit, als Mallorca Teil des Römischen Reiches war (Carrer Sant Jaume 30, Tel.: +34 9 71 / 54 70 04, Öffnungszeiten und Eintritt wie Römerstadt).

Sehenswerte Altstadt und idyllische Halbinsel

Der malerische Stadtkern lockt mit seinen kleinen, verwinkelten Gässchen und liebevoll restaurierten Häusern. Hier liegt auch die Plaçeta de les Verdures mit sonnigen Cafés und kleinen Restaurants. In unmittelbarer Nähe sorgt das Rathaus mit seinem schönen Uhrturm aus der Renaissance für Aufmerksamkeit. Ganz im Südwesten Alcúdias befin-

IV UNTERWEGS AUF MALLORCA

HIDROPARK

Wasserspaß für Groß und Klein mit Schwimmbecken, Kinderbereich, Wasserrutschen und Liegewiesen. Mai und Okt. tgl. 10:30–17 Uhr, Anfang bis Mitte Juni und Sept. tgl. 10:30–17:30 Uhr, Mitte Juni bis Mitte Sept. tgl 10:30–18 Uhr. Erwachsene 17 €, Kinder 8 €. Avenida Tucán, 07410 Port Alcúdia Tel.: +34 9 71 / 89 16 72
www.hidropark.com

det sich die **Kirche Sant Jaume.** Das heutige Gebäude wurde im 19. Jh. errichtet, nachdem das ursprüngliche Gotteshaus aus dem 13. Jh. einstürzte. Direkt neben der Kirche öffnet das **Museu Parroquial** im Sommer seine Pforten (Plaça Jaume Ques 1, Tel.: +34 9 71 / 54 86 65, www.parroquiadealcudia.com, Mai bis Okt. 10–13 Uhr, Di bis 15 Uhr, So geschlossen, Erwachsene 1 €). Das Museum der Pfarrei beherbergt wertvolle Reliquien, darunter auch kostbare Gegenstände aus der früheren Kirche.

Die **Halbinsel Victoria** trennt die Badia de Alcúdia von der Badia de Pollença. Am Ufer der Bucht von Pollença liegen die mondänen Feriensiedlungen Bon Aire und Es Mal Pas mit dem kleinen Jachthafen. Wanderer und Mountainbiker sammeln am **Puig des Romaní** (387 m ü. NN) Höhenmeter. Trails und einsame, aussichtsreiche Pfade schlängeln sich durch das dünn besiedelte, felsige Hinterland der Halbinsel. Das **Cap des Pinar** hinter dem Puig des Romaní darf als militärisches Sperrgebiet nicht betreten werden.

ÜBERNACHTEN

Schlichte Gemütlichkeit
Fonda Ca'n Llabres €
Plaça Constitució 6, 07400 Alcúdia
Tel.: + 34 9 71 / 54 50 00
www.fondallabres.com
Direkten Zugang zum bunten Treiben in der Fußgängerzone hat der Gast im günstigen Fonda Ca'n Llabres. Zweimal in der Woche findet in der Straße direkt bei der Unterkunft ein Markt statt.

Historisches Flair
Hotel Can Tem €€–€€€
Carrer d'Església 14, 07400 Alcúdia
Tel.: +34 9 71 / 54 70 71
www.hotelcantem.com
In der Altstadt Alcúdias gelegen, verbindet das kleine Can Tem seine Architektur aus dem 17. Jh. mit stil-

▶ *Blick auf den Turm des Rathauses.*

RAIGUER IV

vollen modernen Elementen – dazu gehört auch der solarbetriebene Warmwasserspeicher.

Individuelle Atmosphäre
Hotel Sant Jaume €€–€€€
Carrer Sant Jaume 6, 07400 Alcúdia
Tel.: +34 9 71 / 54 94 19
www.hotelsantjaume.com
Von den mit allem Komfort ausgestatteten sechs Zimmern des restaurierten Herrenhauses gleicht keines dem anderen. Dez. + Jan. geschl.

ESSEN & TRINKEN
Mallorquinisch-römisch
Satyricon
Plaça Constitució 4, 07400 Alcúdia
Tel.: +34 9 71 / 54 49 97
Direkt am Marktplatz serviert Küchenchef Raul Resino typisch mediterrane Küche zu fairen Preisen. Das Restaurant ist im Stil eines antiken Amphitheaters eingerichtet. Täglich geöffnet.

Tapas
Sa Taverna
Carrer Serra 9, 07400 Alcúdia
Tel.: +34 9 71 / 54 64 81
In dem mittelalterlichen Restaurant sind die kleinen Snacks für zwischendurch besonders empfehlenswert. Auch üppige Fisch- und Fleischgerichte werden angeboten. Tgl. geöffnet. Im Winter geschlossen.

Abwechslung mit Stil
Genestar
Plaça Porta de Mallorca 1
07400 Alcúdia

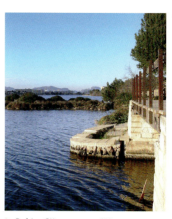
▶ Ruhige Stimmung am Wasser.

Tel.: +34 9 71 / 54 91 57
www.genestarestaurant.com
Jede Woche verspricht ein neuer Speiseplan fünf Gerichte, die traditionelle Kost mit moderner Küche verbindet. Mi Ruhetag.

MIT KINDERN UNTERWEGS
Ranxo Ses Roques
Avinguda de França, 07400 Alcúdia
Tel.: +34 9 71 / 89 28 09
www.ranxosesroques.com
Ein- bis zweistündige Reitausflüge in die Umgebung sind hier buchbar. Kinder können auf dem Farmgelände auf Ponys reiten. Keine geregelten Öffnungszeiten, um Voranmeldung wird gebeten. Einstündiger Ausritt 18 €, zwei Stunden 34 €.

SERVICEINFOS
Tourismusinformation Alcúdia
Carrer Major 17, 07400 Alcúdia
Tel.: +34 9 71 / 54 90 22
www.alcudiamallorca.com

UNTERWEGS AUF MALLORCA

Plä de Mallorca
Das etwas andere Mallorca

Fernab vom Meer entfaltet die heiße Ebene im Zentrum der Insel ihren ganz eigenen Reiz. Eingesäumt von den Gebirgen Serra de Tramuntana und Serres de Llevant finden sich idyllische Ruhe und sehenswerte Natur. Die Gastfreundschaft und das deftige Essen schaffen eine rustikale Wohlfühlatmosphäre, während schattige Mandelbäume zum Verweilen einladen.

▶ ALGAIDA

4.300 Einwohner (S. 185, F1/2)

Auf der Landachse Palma-Manacor liegt das vom Massentourismus noch sehr weit entfernte Algaida. Liebliche Ursprünglichkeit und idyllischer, ländlicher Charme machen das kleine Städtchen zum typischen Sinnbild der Region.

Als ehemalige Postkutschenstation findet man eine lang zurückreichende Gaststättentradition vor. Gastfreundlich, beschaulich und ruhig geht es zu. So ist es kein Wunder, dass gerade die mallorquinischen Städter Algaida als Landflucht für sich selbst entdeckt haben und dort gerne Urlaub machen.

Windmühlen und Kirchen

Ein unverwechselbares Merkmal der Stadt sind die 17 restaurierten Windmühlen. In den 1950er und 1960er Jahren noch vom Einsturz bedroht, wurden die Zerkleinerungsanlagen mittlerweile ansehnlich in Stand gesetzt. Ganz vorneweg die **Molí d'en Xina** (Carrer Ribera 39, Tel.: +34 9 71 / 12 50 49, www.fulcre.org). 1738 erbaut, avancierte die Mühle in der Zwischenzeit zum Kulturzentrum der Stadt. Hinter der rötlichen Sandsteinfassade und filigranen Mühlenblättern verbirgt sich zudem ein Kunstatelier, das sowohl lokale als auch internationale Werke ausstellt.

PLÀ DE MALLORCA IV

Das Zentrum der Stadt bildet die gotische Kirche **Sant Pere i Sant Pau** mit ihren trutzigen, landestypischen Strebebögen. Über der obligatorischen Madonnenfigur ziert eine charakteristische Rosette das Portal der 1404 erbauten Kathedrale. Die dem Dach entwachsenden ausladenden Wasserspeier, die um das 17. Jh. hinzugefügt wurden, verleihen ihrem Äußeren etwas befremdlich Drohendes. Im Kontrast dazu steht das freundlichere Innenleben. Nussbaumbänke mit Schnitzarbeiten und die von Jordi Bosch errichtete Orgel fallen am meisten ins Auge.

Das „Fressstädtchen"

Rückblickend auf ihre Vergangenheit als Durchgangsstation für Postkutschen und andere Reisende, die den damals noch beschwerlichen Weg von Palma nach Manacor auf sich nahmen, hat sich Algaida seinen Spitznamen redlich verdient. Im Zuge des um 1900 aufkommenden Fremdenverkehrs wandelten sich die einstigen Postkutschenstationen entlang der Hauptstraße vermehrt zu Gaststätten und Herbergen. Nicht zuletzt seine Gaumenfreuden haben dem Städtchen und seiner typisch ländlichen Küche einen hervorragenden Ruf eingebracht. Gegessen wird zumeist in urigen Kellerrestaurants in geselliger Atmosphäre gemeinsam mit den Einheimischen. Die reichhaltigen Portionen lassen sich prinzipiell als mediterran bezeichnen, haben jedoch einen rustikalen Eigencharakter.

Besonders herzhaft schmecken die über offener Glut zubereiteten Wurstspezialitäten „Sobrasada" und „Butifarron", zu denen gerne „Liquor Randa", ein herber Kräuterlikör, gereicht wird. Auch

▶ Das Santuari Nostra Senyora de Gràcia auf dem Weg zum Puig de Randa.

UNTERWEGS AUF MALLORCA

der freitägliche Wochenmarkt hat in kulinarischer Hinsicht einiges zu bieten.

Wallfahrtsstätte und Naturereignis

Südlich Algaidas erhebt sich der Puig de Randa (542 m ü. NN) unweit des gleichnamigen Dorfs Randa. Drei Klöster finden sich entlang der engen Serpentinen auf dem Weg zum Gipfel. Das erste Heiligtum ist das **Santuari Nostra Senyora de Gràcia**. Etwa auf halber Höhe begegnet einem die **Ermita de Sant Honorat**. Als besonders sehenswert ist das **Santuari de Nostra Senyora de Cura** einzustufen. Die Einsiedelei des Gelehrten Ramon Llull gehört zu den bedeutendsten Wallfahrtsorten Mallorcas (Tel.: +34 9 71 / 66 09 94, www.santuaridecura.org). Unverkennbar ziert ein Standbild des Philosophen den Garten der Anlage. Im **Klostermuseum** sind die wichtigsten Stationen seines Lebens als Glasmalereien dargestellt (Mo bis Sa 10:30 – 13:30 Uhr und 14:30 – 18 Uhr, So und an Feiertagen 10:30 – 12 Uhr und 15:30 – 18 Uhr, Eintritt frei – um eine kleine Spende von 2 € wird gebeten).

Neben seiner spirituellen Bedeutung bietet der Berg seinen Besuchern eine beeindruckende Rundumsicht über die gesamte Balearenisel. Auf dem Gipfelplateau finden sich zahlreiche steinerne Picknick-Tische, Grillroste und ein Fußballfeld. Auch bezüglich Flora und Fauna kann sich das Randa-Massiv sehen lassen. Rosmarin und Johanniskraut finden sich ebenso wie Siebenschläfer, Schleiereulen und Falken. Balearen-Alpenveilchen und wilder Spargel runden das vielseitige Bild ab.

Für Kulturinteressierte empfiehlt sich ebenfalls die im 13. Jh. erbaute **Ermita de la Pau**. Das kleine, malerisch in eine Hügellandschaft

TEUFLISCH RUSTIKAL

Nur das kleine bunte Teufelchen vor der Tür macht auf das ansonsten recht unauffällige **Restaurant C'al Dimoni** aufmerksam. Hinter der unscheinbaren Fassade verbirgt sich allerdings eines der besten Gasthäuser der Insel. Betritt man das Innere, fällt als erstes die offen glimmende Glut auf, über der u. a. die Wurstspezialitäten „Sobrasada" und „Butifarra" gegrillt werden. Die schwere, rauchgeschwängerte Luft und das düstere Ambiente verkörpern das Sinnbild des Teufels wirklich treffend und sorgen für kurios-urige Gemütlichkeit. Neben den Besuchern tummeln sich zumeist auch viele Einheimische unter den Gästen. Das Essen ist wahrlich „teuflisch gut". In landestypisch anheimelnder Atmosphäre genießt man die rustikalen mallorquinischen Köstlichkeiten, die das freundliche Personal serviert. Gespeist wird meist sehr ausgiebig und ohne viel Hektik, denn Geselligkeit wird hier groß geschrieben.
Carretera Vieja Manacor,
07210 Algaida,
Tel.: +34 9 71 / 66 50 35,
Mi Ruhetag.

eingebettete Gotteshaus ist das älteste Zeugnis des Christentums auf Mallorca. Am besten hält man sich, von Algaida kommend, zunächst 3 km in Richtung Randa-Llucmajor. Dort folgt man der Beschilderung über eine eng gewundene Straße hin zu dem bekannten Kirchlein.

Glasbläserhandwerk

Ebenfalls sehenswert ist die **Glasbläserei Vidrios Gordiola** (Carretera Palma-Manacor km 19, 07210 Algaida, Tel: +34 9 71 / 66 50 46, www.gordiola.com, Mo bis Sa 9–20 Uhr, So und Feiertage 9–12 Uhr, Nov. bis März Siesta 13–15 Uhr). Unten warten die Verkaufsauslagen mit verschiedenen Glas- und Keramikkreationen. Im oberen Stockwerk findet sich eine Ausstellung antiker Ritterrüstungen und altertümlichen Mobiliars, die ansehnlich gestaltet ist.

Die Hauptattraktion sind aber definitiv die offen zugänglichen Werkstätten, in denen zugesehen werden kann, wie in Handarbeit Glas geschmolzen und verarbeitet wird. Man fühlt sich beinahe in die Zeit zurückversetzt, wenn die Glasbläser mit großer Muße und Sorgfalt ihrer Arbeit nachgehen und man Schritt für Schritt verfolgen kann, wie aus kargem Rohmaterial kleine Kunstwerke werden. Für den Besuch bieten sich vor allem die Mittagszeit oder der Spätnachmittag (nach 17 Uhr) an, da man so den zahlreichen „Busladungen" aus dem Weg geht.

ÜBERNACHTEN

Für Weinfreunde

Es Reco de Randa**** €€€
Carrer Font 21, 07629 Randa
Tel.: +34 9 71 / 66 09 97
www.esrecoderanda.com
Am Fuße des Berges Randa logiert man in ländlicher Atmosphäre. Schwimmbäder, Panoramablick und ein hauseigener Spa sorgen für Komfort in jeglicher Hinsicht. Ein hervorragender Ausgangspunkt, um den vor der Haustür gelegenen Tafelberg mit seinen antiken Klöstern zu erkunden.

Zeitlose Ruhe

Hotel Finca Raims*** €€€€
Carrer Ribera 24, 07210 Algaida
Tel.: +34 9 71 / 66 51 57
www.finca-raims.com
Die Deutschen Thomas und Jutta Philipps betreiben das sinnigerweise „Traube" genannte, kleine Hotel, das reizvoll inmitten eines Weingutes liegt. Ein Palmengarten, eine Terrasse und ein Seerosenteich sorgen für mallorquinisches Landhausflair. Stilvoll eingerichtete Appartements bieten Platz für bis zu vier Personen.

Für Puristen

Finca Binicomprat*** €€€€
Camí de Ses Vinyes, 07210 Algaida
Tel.: +34 9 71 / 12 50 28
www.fincabinicomprat.com
Tradition und Geschichte werden hier groß geschrieben. Das landwirtschaftlich geprägte Ambiente sorgt für rustikalen Charme, die Verhaftung in der ländlichen mal-

lorquinischen Tradition ist überall zu spüren. Stilechtes Landleben für Kulturinteressierte.

ESSEN & TRINKEN
✗ *Von lokal bis international*
C'an Mateu
Carretera de Manacor km 21,7
07210 Algaida
Tel.: + 34 9 71 / 66 50 36
www.can-mateu.com
Neben einheimischer auch internationale Küche, die bei herrlichem Flair auf der bewachsenen Terrasse genossen werden kann. Durch den angeschlossenen Kinderspielplatz besonders bei Familien beliebt. Di Ruhetag.

↪✗ *Für Nostalgiker*
Café-Restaurant Hostal d'Algaida
Carretera Palma-Manacor km 21
07210 Algaida
Tel.: + 34 9 71 / 66 51 09
In einer ehemaligen, rund 400 Jahre alten Herberge gelegen. Liebevoll zubereitete kulinarische Spezialitäten erwarten den Besucher. Neben lokaler Küche auch ein breites Angebot an Backwaren. Tgl. geöffnet.

SERVICEINFOS
Gemeindeverwaltung Algaida
Carrer del Rei 6, 07210 Algaida
Tel.: +34 9 71 / 12 53 35
www.ajalgaida.net

▶ MONTUÏRI
2.300 Einwohner   (S. 186, B1)

Eine der ältesten und geschichtsträchtigsten Orte der Insel ist das Städtchen Montuïri. Vormals unter arabischer Herrschaft, konnte Montuïri von König Jaume I. befreit und in das spanische Königreich eingegliedert werden. Im Zuge der Parzellierung seines Herrschaftsgebiets teilte sein Nachfolger Jaume II. dem

▶ *Die Innenstadt von Montuïri.*

PLÀ DE MALLORCA

Städtchen um 1300 eigene Stadtrechte zu und ein Ortskern wurde geplant. Diese mittelalterlichen Strukturen lassen sich, auch heute noch, anhand des schachbrettartigen Rasters nachvollziehen, in dem die zentralen Viertel angeordnet sind. Hier findet auch jeden Montagvormittag der Wochenmarkt statt. Optisch prägen vor allem die acht „Mühlen von Molinar" mit ihren ausladenden Flügeln die Szenerie. Wie bildgewordene Zeitzeugen deuten sie die landwirtschaftliche Vergangenheit der Region an. Innerhalb der Landschaft liegt Montuïri idyllisch an einen Bergrücken geschmiegt und versprüht mit seinen engen Gassen mediterranes Flair. Bekannt ist das Städtchen vor allem für seine Perlenmanufakturen und archäologische Ausgrabungsstätten.

Folkloristische Festkultur !TIPP

Jeweils am Dienstag nach Ostern findet das **Festa d'es Puig**, eine stimmungsvolle Wallfahrt zum Puig Sant Miquel, statt. Seit 1640 gehört eine Bergmesse zum Programm, das von den anschließenden Spielen und Volkstänzen abgerundet wird. Für das leibliche Wohl ist mit den traditionellen Pasteten „Panades" und „Fromatjades" gesorgt, die aus Fleisch und Käse gemacht werden.
Am 24. August wird das beliebte Patronatsfest **Sant Bartomeu** (www.santbartomeu.org) gefeiert, das besonders für die „Cossiers" genannten Folkloretänzer bekannt ist. Es beinhaltet verschiedene, über den Tag verteilte Zeremonien und ein ländlich angehauchtes Unterhaltungsprogramm bis spät in die Nacht.

Archäologisches Erbe

Etwa 2 km nordwestlich von Montuïri liegen rechts der Straße in Richtung Lloret die **Talaiots Son Fornés**. Die Megalith-Siedlung entstand im Übergang von der Bronze- zur Eisenzeit. Im etymologischen Sinn handelt es sich bei den Bauten um „Beobachtungs- und Wachtürme". Informationen rund um diese Thematik hält das in einer restaurierten Mühle untergebrachte **Museo Arqueológico Son Fornés** bereit (Moli des Fraret, Carrer Emili Pou s/n, 07230 Montuïri, Tel.: +34 9 71 / 64 41 69, www.sonfornes.mallorca.museum, März bis Okt. 10–14 und 16–19 Uhr, Nov. bis Febr. 10–14 Uhr, nachmittags nur nach Voranmeldung, Sa, So Nachmittag und Mo geschlossen, Erwachsene 3,50 €, ermäßigt 2 €, Kinder bis 12 Jahre frei). Darin sind hauptsächlich die Ergebnisse der ersten Ausgrabungsphase in den 1980er Jahren dokumentiert, aber auch aktuelle Erkenntnisse fließen zusehends in die Forschung ein. Die archäologische Stätte erstreckt sich über eine Fläche von gut 3 Hektar Land. Seit 1966 gilt sie als historisches Denkmal.

Eine Perle der Region

Die klare Hauptattraktion von Montuïri sind seine beiden Perlenmanufakturen. Gerade Touristenbusse

IV UNTERWEGS AUF MALLORCA

steuern diese mit großer Regelmäßigkeit an. In der Juwelenschmiede **Perlas Orquidéa** lässt sich darüber hinaus der Herstellungsprozess selbst verfolgen (Carretera Palma-Manacor km 30, 07230 Montuïri, Tel.: +34 9 71 / 64 41 44, www.perlasorquidea.com, Juni – Sept. Mo bis Fr 9 – 19 Uhr, Sa 9 – 18 Uhr, So und Feiertage 9 – 13 Uhr, Okt. – Mai Mo bis Fr 9 – 18 Uhr, Sa, So und Feiertage 9 – 13 Uhr). Angefangen von der Perlenzucht bis zur finalen Verarbeitung zu Schmuckstücken können Besucher Großteile des Verarbeitungsprozesses mitverfolgen. Außerhalb der Arbeitszeit ist dies ersatzweise auf Bildschirmen möglich. Hauptanlaufstelle bleibt jedoch der integrierte Schmuckmarkt, der ein breites Sortiment ebenso ansehnlicher wie teurer Stücke bereithält. Günstiger kauft man zumeist in der Vertretung des Herstellers **Lapis** ein, bei dem sich das eine oder andere Schnäppchen findet (Carretera Palma-Cala Rajada km 28, 07230 Montuïri, Tel.: +34 9 71 / 16 16 00, www.lapis.com.tr).

ÜBERNACHTEN

Zur Erholung
Son Manera Rural €€€–€€€€
Carretera Montuïri-Lloret km 0,3
07230 Montuïri
Tel.: +34 9 71 / 16 15 30
www.sonmanera.com
Wer Ruhe sucht, der ist hier genau richtig. Etwas abgelegen am Rand von Montuïri liegt das Son Manera. Das Landhotel weiß sowohl mit seinem rustikalen Ambiente als auch mit überraschendem Komfort zu überzeugen. Für Radfahrer und Wanderlustige eignet es sich zudem als hervorragender Ausgangspunkt für Ausflüge.

Familiäre Beschaulichkeit
Puig Moltó*** €€€€
Carretera Pina-Montuïri km 3
07230 Montuïri
www.espuigmolto.de
Tel.: +34 9 71 / 18 17 58
Liebevoll eingerichtet und mit persönlichem Kontakt zu den Hausherren. Die 14 Zimmer im schlichten Landhausstil sind großzügig dimensioniert und durchweg in angenehm warmen Farben gehalten.

ESSEN & TRINKEN

Mit Aussicht genießen
Puig de Sant Miquel
Carretera de Manacor km 31
07230 Montuïri
Tel.: +34 9 71 / 64 63 14
Auf einer kleinen Anhöhe gelegenes Restaurant, direkt neben dem gleichnamigen Kloster. Es gibt preisgünstige mallorquinische Speisen und wechselnde Tagesmenüs, die man auf der alten Terrasse genießen kann. Täglich geöffnet.

Hoch oben bei den Mühlen
Pizzeria Es Moli
Carrer es Molinar 51
07230 Montuïri
Tel.: +34 9 71 / 64 65 08
www.pizzeriaesmoli.com
Gute mediterrane Küche zu mo-

PLÀ DE MALLORCA

▶ Stadtansicht Montuïri.

deraten Preisen. Ein Geheimtipp, da es etwas versteckt abseits der Hauptstrecke liegt. Der phänomenale Ausblick und die freundliche Atmosphäre rechtfertigen einen Umweg. Täglich geöffnet.

✗ *Belebt und beliebt*
Son Bascos
Carretra Palma-Manacor km 29
07230 Montuïri
Tel.: +34 9 71 / 64 61 70
Der Restaurantname bedeutet übersetzt soviel wie „warmer, freundlicher Ort". In gemütlichem Ambiente werden u. a. die lokalen Spezialitäten Rebhuhn und Wachtel vom Grill serviert. Di Ruhetag.

SERVICEINFOS
Gemeindeverwaltung Montuïri
Plaça Major 1
07230 Montuïri
Tel.: +34 9 71 / 64 41 25
www.ajmontuiri.net

▶ MURO
6.300 Einwohner   (S. 182, B4)

Die Gemeinde besteht aus dem rund 10 km landeinwärts gelegenen Hauptort Muro sowie dem küstennahen Stadtteil Platja de Muro, der als touristische Hochburg für Badegäste gilt. In dem Landstädtchen selbst geht es deutlich ruhiger zu und Brauchtum und Kunst setzen die Akzente. Vormals durch seinen Anteil an der „Kornkammer Mallorcas" eine blühende Hochburg der Landwirtschaft, lässt sich der Wohlstand vergangener Tage immer noch an den Fassaden der prachtvollen Bauwerke ablesen.

Besonders voll wird es in der Nacht vom 23. auf den 24. Juni, wenn in der nahegelegenen Gemeinde Sant Joan das Patronatsfest Sant Joan gefeiert wird. Mit Feuerwerken, Freudenfeuern, Tanz und Theater wird für jeden Geschmack etwas geboten.

UNTERWEGS AUF MALLORCA

Kirche und Kultur

Kaum angekommen, sticht einem bereits das Wahrzeichen der Stadt ins Auge: die gotische Sandsteinkirche **Església de Sant Joan Baptista**. Der architektonisch eigenwillige Glockenturm passt ins extravagante Stadtbild, das er imposant überragt. Den festungsartigen Charakter lockern die filigrane Sonnenuhr und das reich verzierte Seitenportal auf. Lebendig geht es auf dem **Plaça de Sant Martí** zu, der, gerade was Restaurants und Cafés angeht, einiges zu bieten hat.

Das landschaftlich eher karge Gebiet um Muro beheimatete um die Jahrhundertwende die großen Gutshöfe der Region. Bereits 1700 wurde das Casal dels Simo erwähnt. Es beherbergt das **Museo Etnològic**, in dem das Innenleben eines ländlichen Gutshofes nachempfunden wurde (Carrer Major 15, 07440 Muro, Tel.: +34 9 71 / 86 06 47, Di bis Sa 10–14:30 Uhr, Do zusätzlich 17–19:30 Uhr, So 10–14 Uhr, Eintritt 3 €). Dabei können Landestrachten, alte Gerätschaften, eine altertümliche Apotheke und die komplett authentische Einrichtung bestaunt werden. Bekannt sind die mit Blüten und Muscheln verzierten Tongefäße „Geretes brodades" und die Hirtenpfeifen „Siurells". In verschiedenen Formen und Größen geschnitzt, sind sie eines der Wahrzeichen der Region. Eine weitere Reminiszenz an frühere Zeiten ist das Wasserschöpfrad „Noria", das noch der Maurenzeit entstammt.

Landwirtschaft und Urlaubsort

In Muro und seiner näheren Umgebung ist der Ackerbau von zentraler Bedeutung. Das Landstädtchen ist

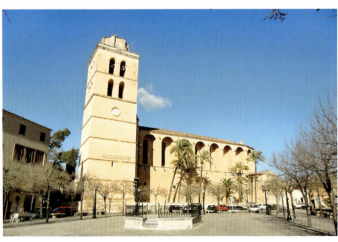

▶ Die Església de Sant Joan Baptista in Muro.

PLÀ DE MALLORCA IV

umgeben von Gemüsegärten und Plantagen. Dabei werden in erster Linie Kartoffeln, Mandeln und Johannisbrotbäume angebaut. Die Stellung als ein wichtiger Umschlagplatz ist auch heute nicht verloren gegangen. Der Wochenmarkt am Sonntagvormittag ist durch seine immer noch sehr ursprüngliche Form und das reichhaltige Warenangebot gekennzeichnet. Es ist gerade diese Verbindung zwischen Altertümlichkeit und Modernität, der dem Städtchen ihr unverwechselbares Flair verleiht. Der ländliche Charakter der Region wird ergänzt durch zwei sehr touristisch geprägte Strandabschnitte. Der Ortsteil **Platja de Muro** lädt mit seinem kilometerlangen Sandstrand zum Baden und Wassersport ein, während die Promenade mit zahlreichen Restaurants, Cafés und Einkaufsmöglichkeiten lockt. Noch schriller geht es im unweit gelegenen **Can Picafort** zu. Der Badeort ist besonders bei feierwilligem und jüngerem Publikum beliebt, das zu späterer Stunde die unzähligen Bars der Fußgängerzone heimsucht.

ÜBERNACHTEN

Ländlich wohnen
Finca Son Flò €€–€€€
Carretera Santa Margálida-Muro
07450 Santa Margálida
Tel.: +34 9 71 / 18 50 83
Das auf einer Anhöhe gelegene Landgut, ca. 6 km von Muro entfernt, bietet schöne Ferienwohnungen für bis zu sechs Personen. Angesichts der Lage ein hervorragender Ausgangspunkt für Wanderungen.

Modern eingerichtet
Las Gaviotas Suites**** €€–€€€€
Avinguda de la Albufera 51
07458 Platja de Muro
Tel.: +34 9 71 / 89 04 26
www.hotellasgaviotas.es
Trotz unmittelbarer Strandnähe geht es hier eher beschaulich zu. Deshalb ist das Hotel vor allem bei Familien beliebt. Die Zimmer sind komfortabel und modern eingerichtet.

Oase im Grünen
Finca Predio Son Serra**** €€€€
Carretera Muro-Can Picafort km 6
07440 Muro
Tel.: +34 9 71 / 53 79 80
www.finca-son-serra.com
Das Hotel liegt eingebettet in einer mit Palmen und Obstbäumen gesäumten Parkanlage. Das weitläufige Außenareal mit Pool hält auch bei hohem Gästeaufkommen stets ein ruhiges Plätzchen bereit.

ESSEN & TRINKEN

Stimmungsvolles Ambiente
La Playa
Carrer Joglars
07408 Platja de Muro
Tel.: +34 9 71 / 89 28 80
Das direkt an den Dünen gelegene La Playa hat besonders spätnachmittags, bei tief stehender Sonne, etwas beinahe Magisches. Großartige Cocktails und gutes Essen. Täglich geöffnet.

IV UNTERWEGS AUF MALLORCA

✕ *In Strandnähe*
Topo Gigio
Avinguda S'Albufera 37
07458 Muro
Tel.: +34 9 71 / 89 28 50
www.restaurantetopogigio.com
Rostbraten und italienische Speisen bestellt man hier. Eine umfangreiche Weinkarte rundet das Angebot ab. April–Okt. täglich geöffnet.

ABENDGESTALTUNG
El Papaya
Paseo Colon 135
07458 Can Picafort
Tel.: +34 9 71 / 85 06 19
Besonders am frühen Abend beliebte Cocktailbar, mit lässiger Atmosphäre und moderaten Preisen. Guter Ausgangspunkt, um in Feierlaune zu kommen, bevor es in die zahlreichen Tanz-Etablissements geht.

Charlys Disco
Carrer Playa 4, 07458 Can Picafort
Tel.: +34 9 71 / 85 06 16
www.charlyscanpicafort.com
Wer es gediegener mag, kommt hier auf seine Kosten. Das Publikum ist etwas älter. Im orientalischen Stil gehalten versprüht es sowohl edles als auch originelles Flair. Täglich ab 23 Uhr geöffnet.

SERVICEINFOS
Verband für Fremdenverkehrsförderung Playa de Muro
Avinguda Albufera 33
07458 Playa de Muro
Tel.: +34 9 71 / 89 23 43
www.playademuro.net

Gemeindeverwaltung Muro
Plaça Comte d'Empúries 1
07440 Muro
Tel.: +34 9 71 / 86 00 36
www.ajmuro.net

▶ PETRA
2.600 Einwohner   (S. 186, C1)

Der am Reißbrett geplante Ort liegt, gesäumt von Weizenfeldern, inmitten der heißen Ebene Es Plà. Namensgebend ist der für die Gegend um die Gemeinde charakteristische rote Sandstein („Petra" ist griechisch und bedeutet „Stein"). Jeden Mittwoch findet im Zentrum des Städtchens der Markt statt. Bereits die gotische Kirche Sant Pere deutet an, dass Petra in vergangenen Tagen ein blühendes Dorf gewesen sein muss. Groß und mit perfektionistisch klarer Linienführung grenzt sie sich von umliegenden Bauwerken ab. Neben dieser Augenfälligkeit verdankt Petra vor allem seinem berühmtesten Sohn, Juníper Serra, den weithin bekannten Ruf.

Der Franziskaner Juníper Serra
Der bekannte Missionar ist allgegenwärtig und brachte dem ansonsten sehr beschaulichen Ort weltweites Renommee ein. Ohne sein Wirken wären die Vereinigten Staaten von Amerika wohl nicht dieselben. 21 Missionsstationen gründete der Mönch dort zwischen 1769 und 1823. Die bekannteste darunter dürfte wohl die heutige Metropole San Francisco sein. Das **Casa Natal de Juníper Serra** findet

sich in der Straße im ältesten Viertel der Stadt (Carrer de Barrancar Alt 6–10, 07520 Petra, Tel.: +34 9 71 / 56 11 49, kostenlose Besichtigung, Anmeldung im Museum nebenan). Bemerkenswert ist, dass das Gebäude ca. 1930 vom Rotary Club angekauft, restauriert und anschließend der Stadt San Francisco zum Geschenk gemacht wurde. Seither kümmert diese sich um die Administration und Instandhaltung. Unmittelbar daneben liegt das **Museo Juníper Serra**. Darin erfahren die Besucher allerlei Wissenswertes über den Werdegang des berühmten Mönchs. Miniaturmodelle der Missionskirchen, Bilder und Briefe illustrieren das Schaffen des Ordensbruders. Sollte das Museum geschlossen sein, wohnt unweit davon die freundliche Wärterin, die Interessierten in der Regel gerne Zutritt gewährt: einfach der Ausschilderung folgen. Auf der Plaça de Fra Juníper Serra ist dem Ehrenbürger zudem ein Standbild gewidmet.

Glaube wird großgeschrieben

Ganz im Sinne des berühmtesten Sohns der Stadt, steht Religiosität in Petra im Mittelpunkt. Optisch unterstreicht dies die überdimensionierte Pfarrkirche **Església de Sant Pere**, die kurioserweise zwar im Übergang von Barock und Renaissance erbaut, stilistisch jedoch eindeutig der Gotik zugeordnet werden kann. Vor dem Altar findet sich auch das alte Becken, über dem Juníper Serra auf seine Namen Josep Miquel getauft worden war. Nebenan steht eine kleine Kirche mit integrierten Kapellen zu Ehren der Heiligen, die später als Namenspatrone der amerikanischen Missionen dienen sollten.

Die dritte religiöse Stätte von Bedeutung ist das **Kloster Santuari de la Mare de Déu de Bonany**. Es gilt als das Symbol für Tradition und Historie der Stadt Petra. Im 17. Jh. erbaut, beherbergte es ein Bild der Jungfrau Maria, das der Legende nach die islamische Herrschaftszeit verborgen unter der Erde überstanden haben und nach der Befriedung durch die Katalanen wieder zum Vorschein gekommen sein soll. Im Jahre 1609 sah sich die ausschließlich von der Landwirtschaft abhängige Bevölkerung einer lange anhaltenden Dürre ausgesetzt und rief die Heilige Maria um Beistand an. Der Überlieferung nach soll infolgedessen ergiebiger Regen gefallen sein, der die wichtige Ernte und

---

FÜR WEINKENNER !TIPP

Der überregional erfolgreiche Familienbetrieb kombiniert Tradition mit modernem Einfluss unter dem Siegel „Pla i Llevant de Mallorca" zu renommierten Spitzenweinen. Bekannt sind ihre Erzeugnisse vor allem für ihr typisch körperreiches Bouquet.
Vinyes i Bodegues Miquel Oliver
Carrer Font 26, 07520 Petra
Tel.: +34 9 71 /56 11 17
www.miqueloliver.com
Mo bis Fr 10–13:45 Uhr und 15:30–18 Uhr.

UNTERWEGS AUF MALLORCA

damit auch das Leben der Bittsteller, rettete. Daher rührt das Wort „Bon Any", was soviel wie „gutes Jahr" bedeutet und die lange Tradition der Marienverehrung einläutete.

ÜBERNACHTEN

Klein, aber fein
Sa Plaça Petra €€
Plaça Ramon Llull, 07520 Petra
Tel.: +34 9 71 / 56 16 46
Kleines Dorfhotel mit nur drei Zimmern, jedoch äußerst komfortabel und heimelig. Verfügt über ein beschauliches Restaurant mit einer gleichermaßen kleinen wie exquisiten Karte.

Ferien „auf dem Bauernhof"
Finca Son Torrat €€€
Cami De Bonany km 2
07520 Petra
Tel.: +49 (0) 70 42 / 8 18 79 75
www.auf-nach-mallorca.info/son-torrat
Die sechs Ferienwohnungen, die auch über deutsche Verwalter gebucht werden können, liegen inmitten einer sonst unberührten Naturlandschaft. Die Anlage ist nicht zuletzt aufgrund ihres eigenen Streichelzoos vor allem für Familien mit Kindern geeignet.

ESSEN & TRINKEN

Für den großen Hunger
Es Celler
Carrer de l'Hospital 46
07520 Petra
Tel.: +34 9 71 / 56 10 56
Das rustikale, alte Kellergewölbe schafft ein uriges Ambiente. Passend dazu wird bodenständige mallorquinische Küche in wahrlich riesigen Portionen serviert.
Mo Ruhetag.

▶ *Blick auf Petra.*

PLÀ DE MALLORCA IV

SERVICEINFOS
Gemeindeverwaltung Petra
Carrer Font 1
07520 Petra
Tel.: +34 9 71 / 83 00 00
www.ajpetra.net

▶ SINEU

3.000 Einwohner (S. 182, B5)

Sineu und Umgebung bilden das Herzstück der großen Ebene Es Plà, im geografischen Zentrum der Insel. Zwischen den Landstraßen von Palma und Inca nach Manacor, erschließt sich ein ländliches und von Besuchern noch relativ wenig frequentiertes Gebiet.
Die einzige Ausnahme bildet der weithin beliebte Wochenmarkt in der Stadt. Am 25. April des Jahres feiert die Gemeinde ihren Patron, den heiligen Markus. Neben den religiösen Zeremonien sorgt ein folkloristisch angehauchtes Unterhaltungsprogramm für eine stimmungsvolle Untermalung.

Stadt mit bewegter Geschichte

Sineu hat seine Wurzeln bereits in der Römerzeit, als der Ort unter dem Namen Sinium auftaucht. Unter den Mauren als Yinyau bekannt, erlebte die kleine Stadt erst nach der christlichen Rückeroberung wieder einen Aufschwung. König Jaume II. errichtete hier sogar einen Palast, den er längere Zeit als seine Residenz nutzte. Später fungierte das Gebäude als Amtssitz für das Gericht, seit 1589 ist es in der Hand eines Nonnenordens.
Doch bereits zu Zeiten arabischer Herrschaft spielte Sineu eine gewichtige Rolle in marktwirtschaftlicher Hinsicht. Die sternförmig aus allen Richtungen zuführenden Straßen deuten die einstmalige Bedeutung als Handelsstadt an. Eine kleine Erinnerung an diese Zeiten ist der belebte Mittwochsmarkt, der auf eine 700-jährige Tradition zurückblickt. Besonders die Viehschau ist ein temperamentvolles Spektakel, das zahlreiche Touristen und Einheimische anlockt. Gemeinhin gilt er als einer der besten Märkte der gesamten Insel. Gerade die schmalen Gassen und verschachtelten Terrassen verleihen ihm eine unverkennbare Note, die zusammen mit dem breiten Angebot an Keramik und vielen originellen Kleinigkeiten seine Attraktivität ausmacht.

Architektur vom Feinsten

Wie so oft bildet auch im Falle von Sineu die Kirche **Nostra Senyora des Angels** den optischen Mittelpunkt der Stadt. Wuchtig und mit separatem Glockenturm thront das Gotteshaus im Zentrum. Der Innenraum ist besonders reich ausgestattet und kontrastiert zum wuchtigen Äußeren mit seinen hohen gebogenen Stützpfeilern. Auf dem Kirchplatz findet sich ein sehr beliebtes Fotomotiv: Der geflügelte Löwe Lleo de Sant Marc wacht als Monument des Schutzpatrons des Hl. Marcus über die Stadt, stilecht mit dem Stadtwappen Sineus in seiner Pfote.

IV UNTERWEGS AUF MALLORCA

WIE EINST

Um den Lebensstil des mallorquinischen Landadels nachzuvollziehen, empfiehlt sich ein Besuch auf dem **Landgut Els Calderers**. Es ist der Gemeinde Sant Joan zugehörig und am einfachsten über die Carretera Palma-Manacor erreichbar. Nach der Ausfahrt bei km 37 ist der restliche Weg gut ausgeschildert. Auf dem Anwesen der Adelsfamilie Verí steht die Zeit seit Beginn des 20. Jh. förmlich still. Authentisch belassene Arbeits- und Wohnzimmer können ebenso besichtigt werden wie die alten Stallungen und Werkstätten. Im Zuge der Führung kommt man sogar in den Weinkeller, und kann mit etwas Glück von dem exzellenten Hauswein kosten.
Tel.: +34 9 71 / 52 60 69,
www.escalderers.com,
April bis Sept. Mo bis So 10–18 Uhr,
Okt. bis März Mo bis So 10–17 Uhr,
Erwachsene 8 €, Kinder 4,50 €

Über die Carrer de Palau gelangt man zum **Palau dels Reis de Mallorca**, dem 1309 errichteten Königspalast der Stadt. Die wehrhaften Mauern wirken selbst heute noch beeindruckend, auch wenn die Rolle als Herrschaftsresidenz vorbei ist. Mittlerweile beheimatet „El Palau", wie ihn die Einheimischen nennen, ein Nonnenkloster. Die Frauen sind bekannt für ihre wohlschmeckenden Gebäckkreationen. Wer Interesse hat, läutet die dort befindliche kleine Glocke und kann die Süßspeise wenig später durch eine Drehtür in Empfang nehmen.

Kleinstadt-Kunstszene

Sineu steht außerdem für seine moderne Kunst-Bewegung. In dem ehemaligen Jugendstilbahnhof residiert mittlerweile das **Centre d'Art S'Estació** (Carrer S'Estació 2, 07510 Sineu, Tel.: +34 9 71 / 52 07 50, www.sineuestacio.com, Mo bis Fr 9:30–14 Uhr und 16–19 Uhr, Sa 10–13 Uhr). Darin werden abwechselnd Werke von zeitgenössischen Malern und Bildhauern ausgestellt, die, zumeist schön arrangiert, den Innenraum des Komplexes zieren. Künstler aus ganz Spanien haben die Ausstellungsstätte für sich entdeckt und sorgen für sehenswerte Exponate. Nur wenige Meter weiter hat sich das **Kunsthaus Sineu** niedergelassen (Carrer de Santa Margalida 1, 07510 Sineu, Tel.: +34 9 71 / 52 06 29, www.kunsthaus-mallorca.com, Mo und Di 11–14 Uhr, Mi 10–16 Uhr, Do und Fr 11–14 Uhr und 16:30–20 Uhr, Sa 11–14 Uhr). Es können Bilder und Fotografien erworben und teilweise eintägige Zeichenkurse absolviert werden.

ÜBERNACHTEN

Ursprünglich und günstig
Hotel Celler Ca'n Font* €
Sa Plaça 18, 07510 Sineu
Tel.: +34 9 71 / 85 51 50
www.canfont.com
Der Familienbetrieb schafft gekonnt den Spagat zwischen modernem Komfort und edlem antiken Stil. Die traditionelle dörfliche Gastfreundschaft hat eine angenehme und

PLÀ DE MALLORCA IV

gemütliche Atmosphäre, obendrein zu einem sehr erschwinglichen Preis.

Authentisch antik
Hotel Leon de Sineu** €€–€€€€
Carrer dels Bous 129, 07510 Sineu
Tel.: +34 9 71 / 52 02 11
www.hotel-leondesineu.com
Schön und komfortabel liegt „der Löwe" in der nordöstlichen Altstadt. Das im 15. Jh. erbaute Haus befindet sich noch heute in Familienbesitz und verfügt mit einem schönen Garten und Pool auch über ausreichenden Komfort.

ESSEN & TRINKEN
Gute Hausmannskost
Celler son Toreo
Son Torelló 1, 07510 Sineu
Tel.: +34 9 71 / 52 01 38
Die Gaststätte bietet bodenständige mallorquinische Gerichte in sehr rustikalem Ambiente, das den ländlichen Charakter unverfälscht widerspiegelt. Mo Ruhetag.

Für Gourmets
Es Moli de'n Pau
Carretera Santa Margarita 25
07510 Sineu
Tel.: +34 9 71 / 85 51 16
www.molidenpau.ch.vu
Die 300 Jahre alte, als Gaststätte restaurierte Mühle serviert kulinarisch hervorragende Gerichte und landestypische Küche in Perfektion. Die sehr gut sortierte Weinkarte rundet das Angebot ab. Preislich leicht überdurchschnittlich.
Mo Ruhetag.

SERVICEINFOS
Gemeindeverwaltung Sineu
Carrer Sant Francesç 10
07510 Sineu
Tel.: +34 9 71 / 52 00 27
www.ajsineu.net

▶ *Blick auf Sineu.*

UNTERWEGS AUF MALLORCA

Llevant
Die Vielfalt Mallorcas

Im Landschaftsgebiet Llevant (deutsch: Osten) locken bekannte Urlaubsorte wie Cala Rajada und Cala Millor Pauschaltouristen mit feinem Sand und All-Inclusive-Paketen. Doch der Llevant hat noch viel mehr zu bieten – gilt er doch als die landschaftlich vielfältigste und historisch außerordentlich wertvolle Region Mallorcas.

▶ ARTÀ

6.600 Einwohner (S. 183, E4/5)

Das Städtchen Artà gehört zu den ältesten Siedlungen Mallorcas. Lange vor der Blüte des Römischen Reiches lebten hier bereits Menschen der prähistorischen Talaiot-Kultur, wovon die bedeutende archäologische Ausgrabungsstätte **Ses Païsses** zeugt. Die Bewohner von Ses Païsses beherrschten bereits um 1000 v. Chr. die Kunst, riesige Steine zu Wohngebäuden und den charakteristischen Talaiot-Türmen zu verbauen (Carretera Manacor-Cala Rajada, Tel.: +34 6 19 / 07 00 10, www.mallorcaweb.net/sespaisses, April–Okt. Mo bis Sa 10–13 Uhr und 14:30–18:30 Uhr, Nov.–März Mo bis Fr 9–13 Uhr und 14–17 Uhr, Erwachsene 2 €, Kinder frei). Seit dem späten 19. Jh. ist Artà zudem ein Zentrum für traditionelle Korbflechterei. Das Material für die Behälter stellen die Blätter der Zwergpalme.

Pilgerziele

Auch das neuzeitliche Artà lohnt eine Besichtigung. Eine Treppe mit 180 Stufen führt von der **Pfarrkirche Transfiguració del Senyor** hinauf zur **Wallfahrtskirche Sant Salvador** (Carrer Sant Salvador, Tel.: +34 9 71 / 83 60 20). Das festungsgleiche Gotteshaus geht

womöglich auf die Zeit vor der Herrschaft der Mauren zurück und bot der Bevölkerung später Schutz vor Piratenangriffen.
Die Kirche beherbergt eine holzgeschnitzte Figur der Jungfrau Maria aus dem 13. Jh. Vom Hausberg Artàs genießen Jahr für Jahr Urlauber den Blick auf die Kleinstadt und weit in das Umland hinein. Ein weiteres Pilgerziel ist die etwa 10 km von der Stadt Artà entfernte **Ermita von Betlem**. Sie wurde im Jahre 1805 von den Eremiten von Valldemossa und Randa gegründet. Die frommen Einsiedler erbauten außer einer Kirche und den Zellen auch eine Küche und einen Speisesaal.
Touristen ist zwar nicht die gesamte Klosteranlage zugänglich, doch einen Rundgang um die Anlage und der schöne Panoramablick ist vielen ein Abstecher zur Ermita wert (Carretera Artà-Betlem bis zum Parkplatz, von dort beginnen einige Wanderwege. Vom Küstenort Betlem kann die Ermita in einem etwa 5 km langen Anstieg zu Fuß erreicht werden).

Naturpark des Llevant
Größtenteils auf dem Gemeindegebiet Artàs erstrecken sich die 1.576 Hektar des **Parc natural de la península de Llevant**. Der Naturpark umfasst auch einige öffentliche Fincas, die Vegetation ist daher häufig geprägt von den typischen Wildweideflächen, auf denen sich Dissgras und Zwergpalmen entwickeln. Reste von Steineichenwäldern werden hier geschützt. In den schroffen Küstenregionen des Naturparks Llevant hat die Mittelmeerschildkröte ein Rückzugsgebiet gefunden.
Die Gegend kann auf Wanderwegen durchstreift werden. An der Straße Artà-Betlem befindet sich rechter Hand auf Höhe der Gebäude der Finca s'Alqueria Vella ein Parkplatz, an dem Wanderwege durch den Naturpark Llevant beginnen (weitere Informationen erteilt das Naturparkbüro am Rathausplatz von Artà, Tel.: +34 9 71 / 82 92 19).

ÜBERNACHTEN
Im Zentrum
Hotel Casal d'Artà   €€
Carrer Rafael Blanes 19, 07570 Artà
Tel.: +34 9 71 / 82 91 63
www.casaldarta.de
Mitten im Geschehen der Kleinstadt sorgt das Casal d'Artà mit seinen antiken Möbeln für stilvolle Atmosphäre. Die Zimmer sind spartanisch-rustikal eingerichtet.

Umgeben von Fischerhäusern
Hotel Rocamar   €€–€€€
Carrer Sant Mateu 9
07579 Colònia de Sant Pere
Tel.: +34 9 71 / 58 96 10
www.hotelrocamar.net
In Colònia de Sant Pere, knapp 15 Minuten von Artà entfernt, erwartet das Rocamar mit acht Doppelzimmern und einem Appartement seine Gäste. Zum Strand sind es nur zwei Minuten zu Fuß.

IV UNTERWEGS AUF MALLORCA

Königliches Wohnen
Sant Salvador €€€–€€€€
Carrer Castellet 7, 07570 Artà
Tel.: +34 9 71 / 82 95 55
www.santsalvador.com
Neben der Pfarrkirche am Ortsrand gelegen, bietet das herrschaftlich anmutende Hotel schnellen Zugang zur Stadt und in die freie Natur. Die großzügigen Zimmer sind individuell und geschmackvoll eingerichtet.

ESSEN & TRINKEN
Traditionelle Küche
Finca Es Serral
Camí Cala Torta, 07570 Artà
Tel.: +34 9 71 / 83 53 36
Typisch mallorquinische Spezialitäten von süß bis deftig werden im überwiegend von Touristen besuchten Restaurant zubereitet. Mo Ruhetag.

Erstklassige Gerichte
Hotel Restaurante S'Abeurador
Carrer Abeurador 21, 07570 Artà
Tel.: +34 9 71 / 83 52 30
www.hotelabeurador.com
Kleine, aber feine Menüs der gehobenen Klasse genießen die Gäste im romantischen Innenhof des S'Abeurador. Tgl. geöffnet.

Frisch vom Rost
Restaurant Na Creu
Carrer de Maria Ignàcia Morell
Fonts dels Olors 12, 07570 Artà
Tel.: +34 9 71 / 83 63 50
Mit deftiger Grillkost und gutbürgerlichen Mahlzeiten verwöhnt das Na Creu den Gaumen. Sa Ruhetag.

SPORT & FREIZEIT
Cala Torta
Am unbebauten, steil abfallenden Strand der malerischen Cala Torta kann man sich noch verhältnismäßig ruhig im feinen Sand in der Sonne aalen. Der große Massentourismus ist bisher noch ausgeblieben, doch für einen erholsamen Strandurlaub mit Kindern ist die schöne Bucht aufgrund der starken Strömungen ungeeignet. Anfahrt: Carretera Artà-Capdepera, in Capdepera im Kreisverkehr die Ausfahrt Cala Torta nehmen.

SERVICEINFOS
Tourismusbüro Artà
Carrer Costa i Llobera 7, 07570 Artà
Tel. +34 9 71 / 83 69 81
www.arta-web.com

▶ CAPDEPERA
3.300 Einwohner (S. 183, F4)

Historische Quellen berichten, dass der Hügel von Capdepera bereits zur Zeit der Talaiotkultur besiedelt war. Später errichteten Römer und Araber Posten auf der strategisch günstigen Halbinsel, um den regen Schiffsverkehr in den Gewässern zwischen Mallorca und Menorca zu beobachten.
Der kleine Ort Capdepera wurde jedoch erst im 13. Jh. nach der Rückeroberung Mallorcas durch die Christen besiedelt. Aus dieser Zeit stammt auch die sehr gut erhaltene, imposante Befestigungsanlage auf der Anhöhe zum Schutz der Bevölkerung.

LLEVANT IV

Das Kastell von Capdepera

Als Aussichtspunkt und historisch wertvoller Ort zugleich erhebt sich das massive **Kastell von Capdepera** auf einem Hügel am Nordrand der Stadt Capdepera (Zugang über eine Treppe, die an der Plaça Espanya beginnt, Erwachsene 3 €). Der Grundriss der zinnenbewehrten Mauern beschreibt nahezu ein Dreieck. Die Begehung der Anlage kann über das kleinere Eingangstor (Portalet) oder die große Porta del Rey erfolgen.

Der höchste Punkt der Befestigung ist ein Turm, der zur Zeit der maurischen Herrschaft von den Arabern errichtet wurde. Sein heutiges Erscheinungsbild verdankt er den Christen, die ihn im 19. Jh. zur Getreidemühle umbauten. Vielfach besucht ist auch die Kirche des Kastells, die eine Christusfigur aus Orangenholz beherbergt. Von der Befestigungsanlage genießt man einen herrlichen Ausblick über die gesamte Stadt und zur Cala Rajada.

Cala Rajada

Mit 6.300 Einwohnern ist **Cala Rajada** (auch bekannt als Cala Ratjada) der bevölkerungsreichste Ort der Gemeinde Capdepera. Vom Verwaltungssitz ist er nur 3 km entfernt und gut über die Avinguda Juan Carlos zu erreichen. Der traditionsreiche Fischereihafen bietet heute zahlreichen Jachten und Segelbooten Platz. Die Bucht ist weniger stark von Bettenburgen gesäumt wie etwa die Strände von Palma und S'Arenal, die überwiegend deutschen Gäste ruhiger als in den Partyzentren. Vom Hafen aus erreicht man über die Promenade bequem die attraktiven Strände von **Son Moll**, **Cala Gat** und im Norden die **Cala Agulla**. Von hier führt auch ein von Weißkiefern beschatteter Wanderweg zur **Cala Mesquida** mit der auf Mallorca einzigartigen, naturbelassenen Dünenlandschaft.

Die Höhlen von Artà

Die abwechslungsreiche Küstenlandschaft Capdeperas ist nur einer von vielen guten Gründen, seinen Urlaub am östlichen Ende Mallorcas zu verbringen. Ein geologisches Highlight sind die **Coves d'Artà** (Carretera de ses Coves s/n, Tel.: +34 9 71 / 84 12 93, www.cuevasdearta.com, Mai bis Okt. 10–18 Uhr, Nov. bis April 10–17 Uhr, Erwachsene 10,50 €, Kinder bis 6 Jahre frei). Der Name der Tropfsteinhöhlen resultiert aus der früheren Zugehörigkeit Capdeperas zur Gemeinde Artà. Die Coves d'Artà gelten aufgrund ihrer eindrucksvollen Stalaktiten und Stalagmiten neben den Drachenhöhlen von Porto Cristo zu den bemerkenswertesten Höhlensystemen Mallorcas. Eine Führung dauert etwa 25 Minuten.

ÜBERNACHTEN

Mit langer Tradition
Hostal Ca's Bombu €
Carrer Leonor Servera 86
07590 Cala Rajada
Tel.: +34 9 71 / 56 32 03

UNTERWEGS AUF MALLORCA

www.casbombu.com
Eines der ältesten Hotels an der Cala Rajada ist das 1885 gegründete Ca's Bombu. Die Zimmer sind einfach und funktional ausgestattet, im Außenbereich warten Pool und Tischtennisplatte.

⛱✕ In Strandnähe
Hotel Bellavista €€
Carrer Miquel Garau 30
07590 Cala Rajada
Tel.: +34 9 71 / 56 31 94
www.bellavistamallorca.com
Wer eine günstige und einfache Unterkunft sucht, ist hier richtig. Nov.–Jan. geschlossen.

⛱✕ Mit Unterhaltungsprogramm
Beach Club Font de Sa Cala**** €€€–€€€€
Avinguda Canyamel s/n
07580 Capdepera
Tel.: +34 9 71 / 56 32 91
www.beachclub-fontdesacala.com
Resort mit komfortablen Zimmern und Juniorsuites; Rundumservice wie Friseur, Waschsalon, Arztzentrum und Internetcenter inklusive. Zum Strand sind es nur wenige Schritte.

ESSEN & TRINKEN
✕ Am Kastell
Restaurant Cassandra
Carrer Ciutat 14, 07580 Capdepera
Tel.: +34 9 71 / 56 54 34
Die langjährigen deutschen Betreiber bieten Menüs und extravagante Gerichte zu fairen Preisen.
Do Ruhetag.

✕ Im Wintergarten
Restaurant Son Barbassa
Carretera Capdepera-Cala Mesquida, 07580 Capdepera
Tel.: +34 9 71 / 56 57 76
www.sonbarbassa.com
Bei herrlicher Aussicht auf die geschwungenen Hügel des Llevant genießt man hier mediterrane Speisen. Das Restaurant ist Teil des gleichnamigen Hotels. Täglich geöffnet, im Winter geschlossen.

✕ Fisch und Fleisch
El Cactus
Avinguda Leonor Servera 83
07590 Cala Rajada
Tel.: +34 9 71 / 56 46 09
www.el-cactus.de
Von Riesengarnelen vom Grill über marinierten Seeteufel bis zum Rinderfilet zaubert der deutsche Koch alles auf den Teller. Serviert wird auf einer schönen Terrasse oder im gemütlich eingerichteten Lokal. Täglich geöffnet, im Winter geschlossen.

SPORT & FREIZEIT
Rancho Bonanza
Carrer Can Patilla s/n
07590 Cala Rajada
Mobil: +34 6 19 / 68 06 88
www.ranchobonanza.com
Ausritte für Groß und Klein zu Pferd mit und ohne Sattel sowie Reitunterricht führt die Ranch mit dem prägnanten Namen durch.
Preis für einstündigen Ausritt für Anfänger: bei 15 €, zweistündig für Fortgeschrittene: 25 €.

SERVICEINFOS
Tourismusbüro Capdepera
Ciutat 22, 07580 Capdepera
Tel.: +34 9 71 / 55 64 79
www.ajcapdepera.net

▶ MANACOR

27.700 Einwohner (S. 187, D1)

Die Bewohner der nach Palma und Calvià drittgrößten Gemeinde Mallorcas fassen sich ein Herz – das jedenfalls bedeutet Manacor. Und so ziert auch das Wappen der Einheimischen eine Hand, die ein Herz in die Höhe hält. Archäologische Fundstücke zeugen von der Jahrtausende zurückreichenden Besiedlung dieser Gegend. Der berühmteste Sohn der Stadt ist jedoch jüngeren Datums: Tennisprofi Rafael Nadal ist in Manacor aufgewachsen.

Geschichte und Tradition

Im **Museu d'Història de Manacor** führen eindrucksvolle Ausstellungsstücke zurück in die mallorquinische Frühgeschichte und die Zeit der römischen und islamischen Herrschaft. Möbel aus der Neuzeit vermitteln ein Bild des Mallorcas vergangener Jahrhunderte (Carretera Cales de Mallorca km 1,5, Tel.: +34 9 71 / 84 91 02, http://museu.manacor.org, Mitte Juni–Mitte Sept. täglich außer Di und So 9:30–14 Uhr und 18–20:30 Uhr, Mitte Sept.–Mitte Juni Mo bis Sa 10–14 Uhr und 17–19:30 Uhr, So 10–13 Uhr, Di geschlossen, Eintritt frei).
Nicht nur Pferdeliebhaber zeigen sich von einem Besuch im **Hipòdrom de Manacor** begeistert, dessen Geschichte bis ins Jahr 1929 zurückreicht. Seitdem finden hier regelmäßig die traditionellen und gut besuchten Trabrennen statt (Carretera Palma-Arta km 48, Tel.: +34 9 71 / 55 00 23, aktuelle Infos zu den Preisrennen unter www.fbtrot.com).

Die Tropfsteinhöhlen von Porto Cristo

Eine weitere touristische Attraktion ist das System der **Coves del Drac** (deutsch: Drachenhöhlen) in Porto Cristo (Carretera Coves s/n, Tel.: +34 9 71 / 82 07 53, www.cuevasdrach.com, Gruppeneinlass Nov. bis März 10:45, 12, 14 und 15:30 Uhr, April bis Okt. von 10–17 Uhr stündlich außer 13 Uhr, Erwachsene 11,50 €, Kinder unter 8 Jahren frei).
Die Besichtigung der romantisch beleuchteten Tropfsteinhöhlen wird von klassischer Live-Musik untermalt. Auf dem großen, unterirdischen See kann eine Bootsfahrt unternommen werden. Die Coves del Drac sind stark besucht, mit geringeren Wartezeiten kann in der Hochsaison um die Mittagszeit gerechnet werden.
Die kleineren, musikalisch ähnlich in Szene gesetzten Tropfsteinhöhlen **Coves dels Hams** bieten sich als Ersatz an, wenn es in den Coves del Drac zu voll wird (Carretera Manacor-Porto Cristo, Tel.: +34 9 71 / 82 09 88, www.cuevas-hams.com, 10–17:30 Uhr, Erwachsene 16 €).

IV UNTERWEGS AUF MALLORCA

Die Küstenlinie um Porto Cristo

Obwohl es die meisten Touristen in die bekannten Höhlen bei **Porto Cristo** zieht, ist auch der malerische Küstenort selbst einen Besuch wert. Mit rund 7.400 Einwohnern ist Porto Cristo die zweitgrößte Stadt in der Gemeinde Manacor. In der weiten Bucht liegen der große Bootshafen und ein kleiner Strandabschnitt für Badegäste. Bei gemütlichen Spaziergängen an der Promenade und in der pittoresken Altstadt mit ihren schmalen Gassen ist der mallorquinische Charme dieser natürlich gewachsenen Stadt spürbar.

Südlich Porto Cristos reiht sich von der **Cala Anguila** bis zur **Cala Murada** eine Vielzahl beliebter und je nach Erreichbarkeit mehr oder weniger stark frequentierte, feinsandige Strandbuchten aneinander. Auch in Richtung Norden erstreckt sich eine touristisch sehr attraktive Küstenlinie.

In etwa 9 km Entfernung tummeln sich viele Pauschaltouristen gerne an den feinen Sandstränden von **Cala Millor** und **Cala Bona**. Beide Urlaubsorte gehören zur Gemeinde **Son Servera** und sind, ausschließlich auf den Fremdenverkehr ausgerichtet, in den vergangenen Jahrzehnten rasant gewachsen. Für den reinen Badeurlaub an reizvollen, feinsandigen Stränden ist dieser Küstenabschnitt hervorragend geeignet. Kulturelle Sehenswürdigkeiten sucht man jedoch vergeblich.

ÜBERNACHTEN

Rustikal und komfortabel
Agroturismo Es Picot   €€–€€€
Camí de Sa Mola km 3,6
07509 Son Macià
Mobil: +34 6 37 / 73 79 43
www.espicot.com
Fernab allen Trubels lädt Es Picot zu erholsamen Tagen auf dem idyllischen Land ein. Mit Swimmingpool und 12 Hektar-Finca.

▶ *Archäologische Fundstücke in Manacor.*

LLEVANT IV

⚓✕ *Mit Golfplatz und Pool*
Agroturismo Es Mayolet €€€€
Camí de Sa Vall km 3
07500 Manacor
Tel.: +34 9 71 / 84 56 85
www.mayolet.com
Das Landhotel liegt ruhig inmitten von Weinbergen. Greenfees für den Golfplatz sind im Preis für die Unterkunft enthalten.

⚓✕ *In aller Ruhe*
Son Amoixa Vell €€€€
Carretera Manacor-Cales de Mallorca, 07500 Manacor
Tel.: +34 9 71 / 84 62 92
www.sonamoixa.com
Golf, Tennis, Sauna und Wellness sorgen auf dem abgelegenen Landgut für Abwechslung.

ESSEN & TRINKEN
✕ *Hell und gemütlich*
Es Molí d'en Sopa
Carretera Manacor-Porto Cristo km 4
07500 Manacor
Tel.: +34 9 71 / 55 28 50
www.molidensopa.com
Nicht nur Suppen, sondern auch regionale Fischgerichte und internationale Spezialitäten gibt es in dem kleinen, feinen Lokal. Tgl. geöffnet.

✕ *Schnelles Essen*
Mig i Mig
Plaza Sa Bassa 9, 07500 Manacor
Tel.: +34 9 71 / 82 32 15
www.migimig.com
Hamburger, Pasta und Pizza sind hier zum kleinen Preis erhältlich. So Ruhetag.

CALA MAGRANER !TIPP

Zum Klettern und Entspannen vor herrlicher Felskulisse lädt die Cala Magraner ein. Von Manacor erreicht man die Bucht zunächst mit dem Auto und geht anschließend knapp 1 km zu Fuß weiter. Zahlreiche Kletterrouten mit Schwierigkeitsgraden von 4 bis 7 bieten Herausforderungen für Anfänger und Fortgeschrittene. Am Kiesstrand mit der von Felstürmen gesäumten Bucht klingt der anstrengende Klettertag geruhsam aus.

✕ *Tradition in Manacor*
Restaurante Ca'n March
Carrer de Valencia 7
07500 Manacor
Tel.: +34 9 71 / 55 00 02
www.canmarch.com
Gambas mit Spargel, Thunfisch und Reisgerichte zu fairen Preisen um 10 € stehen auf der umfangreichen Speisekarte. Mo Ruhetag.

✕ *Für den kleinen Hunger*
Creperia Sa Bassa
Carrer Francesc Gomila
07500 Manacor
Tel.: +34 9 71 / 55 96 97
Süße und deftig zubereitete Crepes und Salate können im Sa Bassa bestellt werden. Auch zum Mitnehmen. Di Ruhetag.

SERVICEINFOS
Touristinformation Manacor
Carrer Convent 1, 07500 Manacor
Tel.: +34 9 71 / 84 91 26
www.manacor.org

UNTERWEGS AUF MALLORCA

Migjorn
Landidyll und weißer Strand

An der Südküste wechseln sich die cales – tiefe Buchten mit weiten Stränden – mit unzugänglichen Steilküsten ab. Sehr beliebt ist der 7 km lange Platja Es Trenc unweit des Küstenortes Colònia de Sant Jordi. Im flachen Hinterland Migjorns geht es ruhiger zu. Schafsweiden, Olivenhaine und die weiß leuchtenden Salzgärten prägen das Landschaftsbild.

▶ LLUCMAJOR

12.800 Einwohner (S. 186, A2)

Der flächenmäßig größten Gemeinde der Südküste wurde im Jahr 1300 das Stadtrecht verliehen. Wie die Skulptur des sterbenden Jaume III. am Passeig Jaume III. zeigt, war Llucmajor bald darauf Schauplatz einer wichtigen historischen Begebenheit. Der mallorquinische König verlor hier 1349 sein Leben in der entscheidenden Schlacht um die Unabhängigkeit Mallorcas.

Vom Denkmal gelangt man in wenigen Minuten zum Plaça Espanya, dem Zentrum der Stadt. Rund um den verkehrsberuhigten Platz finden wir das schöne Rathaus Casa Consistoral von 1882 und den unscheinbaren Jugendstilbau der Markthalle, in der jeden Freitagvormittag reges Treiben herrscht. Neben dem Marktgebäude liegt die gewaltige ockerfarbene Kirche Sant Miquel, an deren Front eine Figur des Namenspatrons als Drachentöter wacht.

Altehrwürdiges Kloster

Im Nordosten der Stadt befindet sich das sehenswerte **Franziskanerkloster Sant Bonaventura** (Carrer del Fray Joan Garau, + 34 9 71 / 66 97 58, Mo bis Sa 9–14 und 16–20 Uhr, Eintritt frei). Zwischen 2006 und 2007 wurde die Anlage aus dem 17. Jh., in der einst über 20 Mönche lebten, saniert und kann nun besichtigt werden. Eine kleine Ausstellung zeigt die Veränderungen im Rahmen der Wiederherstellung der ursprünglichen Bauformen, beispielsweise die Öffnung der zugemauerten Bögen des zweistöckigen Kreuzgangs im Innenhof. Sehenswert sind auch die beschrifteten Dachpfannen des Klosters, die ebenfalls ausgestellt sind. Im Zuge der Desamortisation 1836 mussten die Gottesmänner das Kloster verlassen. Danach dienten die Gebäude als Hospiz, Gefängnis, Friedensgericht und bis 1999 als Kaserne der Guardia Civil.

▶ Blick auf Llucmajor.

Stätte aus dem Talaiotikum

Capocorb Vell ist die besterhaltene Talaiot-Siedlung Mallorcas (Ma-6014 km 23, www.talaiotscapocorbvell.com, täglich außer Do 10–17 Uhr, Eintritt 2 €). Inmitten von Mandel- und Johannisbrotbaumhainen stehen hier die gelben, unerschütterlich wirkenden Steintürme aus dem 14. Jh. v. Chr. Die Funktion der Bauten unterscheiden Wissenschaftler nach ihrem Grundriss. Es wird davon ausgegangen, dass die runden und ältesten Talaioten als Wohngebäude dienten und den Dorfoberhäuptern vorbehalten waren. Die Verteidigungsanlagen, die ebenfalls noch erkennbar sind, wurden offensichtlich erst später errichtet, in einer Zeit, als die Bewohner sich bedroht fühlten. Teil dieser Schutzmauer waren die Türme mit viereckigem Grundriss, die unter anderem die Funktion eines Wachturmes hatten. In den letzten Jahrhunderten trug man einen Teil der Steinquader als Baumaterial für die Kathedrale und die Börse von Palma ab.

Versteckte Buchten

Unweit des Capocorb Vell finden wir mit der **Cala Pi** eine der schönsten Buchten der Insel. Auf dem Felskap östlich der Bucht wacht ein mächtiger Turm aus dem 17. Jh. über die Badegäste, die in der Hauptsaison sehr zahlreich den schmalen Strand bevölkern.
Über eine lange, steile Treppe erreicht man den abgeschiedenen Ort von der Ferienanlage Cala Pi aus. Von Cala Pi in Richtung Südosten gelangt man auf einem Pfad über Felsen und durch den Kiefernwald zu einer weiteren, nicht weniger

idyllischen Bucht, die **Cala Beltràn**. Auch entlang der weiteren Küste bis Badia Gran oder S'Estanyol de Migjorn findet man immer wieder schöne Badeplätze.

ÜBERNACHTEN

Ruhig und günstig
Finca Son Estrany €–€€
Camí de Son Mulet
07620 Llucmajor
Tel.: + 34 9 71 / 12 07 94
www.sonestrany.com
Der ehemalige Gutshof Son Estrany ist eine günstige Gelegenheit für den Urlaub abseits des Massentourismus. Der Strand Es Trenc und der Puig Randa sind mit dem Auto schnell erreichbar.

Bewirtschaftetes Landgut
Agrotourismo Son Pieras €€€
Carretera Llucmajor-S'Aranjassa km 3
07620 Llucmajor
Mobil: + 34 6 29 / 47 81 53
www.sonpieras.com
Antikes Flair versprühen die Einrichtungsgegenstände, mit denen die alte Finca liebevoll eingerichtet und dekoriert ist.

ESSEN & TRINKEN

Stilsicher
Zaranda Sa Torre
Camí de Sa Torre 8, 07609 Llucmajor
Tel.: +34 9 71 / 01 04 50
www.zaranda.es
Das Restaurant der gehobenen Klasse empfängt seine Gäste im Hilton Hotel Sa Torre. Mo Ruhetag.

Deftige Tagesmenüs
Molí d'en Gaspar
Avinguda de Carlos V. 1
07620 Llucmajor
Tel.: +34 9 71 / 66 25 26

▶ *Das Innere der Kirche Sant Miquel.*

www.moligaspar.com
Von den Spezialitäten aus dem Holzofen empfiehlt sich das Lammfleisch. Auch traditionelle Paella ist hier zu bestellen. Mo und Di Ruhetag.

SPORT & FREIZEIT
Mallorca Marriott Son Antem Golfresort & Spa
Carretera Ma 19, Ausfahrt 20
07620 Llucmajor
Tel.: + 34 9 71 / 12 91 00
www.marriott.de
Das luxuriöse Resort bietet mit den beiden 18-Loch-Golfplätzen Son Antem Ost und West die größte Driving Range Mallorcas. Nach der sportlichen Betätigung kann man sich bei einer Spa-Behandlung erholen.

MIT KINDERN UNTERWEGS
Yeguada Binibernat
Ma-19, Ausfahrt 22
07620 Llucmajor
Mobil: + 34 6 29 / 62 38 46
www.yeguadabinibernat.com
Neben dem Bahnreiten (1 Stunde 15 €) oder geführten Ausritten (2 Stunden 30 €) können auch Reitwandertouren sowie gemütliche Kutschfahrten (40 €) gebucht werden.

SERVICEINFOS
Gemeindeverwaltung Llucmajor
Plaça d'Espanya 12
07620 Llucmajor
Tel.: + 34 9 71 / 66 91 62
www.llucmajor.org

▶ CAMPOS
8.000 Einwohner   (S. 186, B3)

Auf dem Weg zwischen La Palma und dem Südosten Mallorcas liegt im Hinterland der Südküste die Kleinstadt Campos.
Offen und freundlich präsentiert sich das ländlich geprägte Städtchen seinen Besuchern. Wie der Name bereits vermuten lässt (span. el campo: Acker, Flur), liegt der Ort umgeben von ebenen, weiten Feldern. Noch heute sind die Haupteinnahmequellen die Viehwirtschaft und die Käseproduktion.
Bei einem Besuch sollten die kulinarischen Genüsse also nicht zu kurz kommen.

Landwirtschaftlicher Gunstraum
Campos wurde im Jahr 1300 gegründet. König Jaume I. eroberte die Gegend widerstandslos und übergab die Gebiete im Süden an den Hochadeligen Nuño Sanz, der das Territorium an Siedler und Soldaten verteilte.
Die Nähe zur Küste, die ebenen, leicht zu bearbeitenden Felder und die zwar salzhaltigen, aber trotzdem sehr fruchtbaren Böden machten den Ort zu einem landwirtschaftlichen Gunstraum.
Traditionell werden Kapernsträucher in der Umgebung der Stadt kultiviert, deren Früchte als besonders wohlschmeckend gelten. Das ländliche Flair ergänzen die Windmühlen, die zumeist aus dem 17. und 18. Jh. stammen. Viele der attraktiven

IV UNTERWEGS AUF MALLORCA

Kulturgüter sind nicht mehr in Betrieb und verfallen. In jüngster Zeit werden jedoch zunehmend Anstrengungen unternommen, diese historischen Denkmäler zu erhalten. Doch den Sehenswürdigkeiten ist auch ein praktischer Nutzen zugedacht: Sie werden zur Stromgewinnung sowie zur Bewässerung der Felder genutzt.

Stadt aus Sandstein

Das Stadtbild von Campos ist geprägt von den niedrigen rotbraunen Häusern, die aus Marès, einem nur auf Mallorca vorkommenden Sandstein, erbaut wurden. Da das Gestein Eisen enthält, verfärbt es sich im Laufe der Zeit ins Rötliche. Auch die **Kirche Sant Julián** ist aus Marès erbaut. Der ältere, gotische Teil des mächtigen Gotteshauses stammt aus dem Jahr 1248, die Erweiterung zur heutigen Größe erfolgte im 19. Jh. Sie beherbergt in einer Seitenkapelle ein Gemälde des bekannten spanischen Malers Murillo und einen gotischen Altar. Auch das private **Museu d'Església** (Carrer de Sant Julián, Tel. +34 9 71 / 65 00 03, Öffnung nach Absprache mit dem Pfarrer, Eintritt frei), das seit dem Jahr 1993 für die Öffentlichkeit zugänglich ist und kostbare liturgische Geräte und Gemälde präsentiert, ist sehr sehenswert.

Eine weitere Besonderheit von Campos sind die trutzigen Verteidigungstürme der alten Befestigungsanlage, die zum Teil erhalten sind und mit viel Geschick in die neuere Bebauung integriert wurden. Bestes Beispiel für den Mix aus alter und neuer Bausubstanz ist das Rathaus Casa Consistorial an der Plaça Major mit dem Wehrturm von 1642.

Religion und weiße Strände

Die Umgebung von Campos lässt sich gut mit dem Fahrrad erkunden – so spart man die teuren Parkgebühren an den Stränden und kann die schöne Kulturlandschaft genießen. Ein idyllisch gelegenes Ausflugsziel 3 km südlich von Campos ist die **Kirche Ermita de Sant Blai**. Sie ist das wohl älteste Gotteshaus im Südosten der Insel, die früheste urkundliche Erwähnung stammt aus dem Jahr 1248. Das massive, fast fensterlose Gebäude war möglicherweise der ursprüngliche Sitz der Pfarrei von Campos.

Folgt man der Straße weiter in Richtung Colònia di Sant Jordi, gelangt man zur Südküste mit ihren weiten Stränden. Besonders ausgedehnt, nahezu unverbaut und nicht nur bei FKK-Anhängern beliebt ist der **Naturstrand Es Trenc** mit seiner kiefernbewachsenen Dünenlandschaft. Die umliegenden Ortschaften wie **Ses Covetes** und **Sa Ràpita** sind größtenteils Feriensiedlungen. Da entlang des Strandes nur wenige Lokale zu finden sind, eignet sich vor allem der neu ausgebaute Jachthafen in Sa Ràpita zur gemütlichen Einkehr nach einem langen Tag am Meer.

MIGJORN IV

▶ *Handgearbeitete Produkte aus der Region.*

ÜBERNACHTEN

⌂ *Zentral gelegen*
Hotel Segles €€–€€€
Carrer Santanyí 4, 07630 Campos
Tel.: + 34 9 71 / 65 00 97
www.hotelsegles.com
Altes mallorquinisches Herrenhaus, das zu einem kleinen Hotel mit acht individuell eingerichteten Zimmern umgebaut wurde. Der Markt von Campos findet direkt vor der Türe statt.

⌂ *Idyllische Oase*
Finca Sant Blai €€€–€€€€
Camino de Son Toni Amer s/n
07630 Campos
Tel.: + 34 9 71 / 65 05 67
www.santblai.com
In der ehemaligen Finca mit Mühle übernachtet man in modern-rustikalem Ambiente.

ESSEN & TRINKEN

✕ *Wiener Ambiente*
Konditorei und Café Pomar
Carrer de sa Plaça 20–22
07630 Campos
Tel.: + 34 9 71 / 65 06 06
www.pastisseriespomar.com
Gefüllte Ensaïmadas, hausgemachte Schokolade und herzhafte Bocadillos seit 1902. Täglich geöffnet.

✕ *Alte Mühle*
Restaurant Molí 34
Carrer Nord 34, 07630 Campos
Tel.: + 34 9 71 / 16 04 41
www.moli34.es
Typische Mittelmeerküche im restaurierten Sandsteingewölbe des alten Mühlenturms und im romantischen Garten auf der Terrasse. Werktags nur abends geöffnet.
So Ruhetag.

IV UNTERWEGS AUF MALLORCA

SPORT & FREIZEIT
Banys de Sant Joan
Carrer Campos-Colònia de Sant Jordi
km 8, 07630 Campos
Tel.: + 34 9 71 / 65 50 16
www.balneariofontsanta.com
Kurhaus von April bis Okt. täglich
9 – 18 Uhr geöffnet. Anwendungen
ab 15 €, Halbtagesprogramme ab
25 €. Exklusives Thermalbad mit
Kurhotel an der Font Santa mit flu-
oridhaltiger Thermalsole, die schon
die Römer zu schätzen wussten.

SERVICEINFOS
Touristinformation
Plaça Can Pere Ignasi
07630 Campos
Tel.: + 34 9 71 / 65 11 69
www.ajcampos.org

Regionale Spezialitäten

Immer donnerstags und samstags,
zwischen 8 und 13 Uhr, treffen sich
Besucher und Einheimische auf dem
Markt El Baratillo. Der Trödelmarkt
zieht sich entlang der Hauptstraße
Carrer de Santanyí und geht am
nördlichen Ende in einen Lebensmit-
telmarkt über. An den zahlreichen
Imbissständen findet man eine Auswahl an regionalen Spezialitäten
wie Kapern. Eine gute und relativ
preisgünstige Adresse, um einheimischen Käse zu kosten, ist die
Formatge Burguera an der Straße
Campos-Colònia de Sant Jordi
(km 6). Der Käse aus dem Familienbetrieb ist in verschiedenen Reife-
graden von vollreif bis Hüttenkäse
erhältlich und darf probiert werden.

▶ SES SALINES
2.000 Einwohner   (S. 186, B4)

Das ländliche Städtchen Ses Salines
wurde, wie schon der Name sagt,
durch die jahrtausendealten Salinen
bekannt. Bereits die Römer bauten
hier Salz ab. Allerdings kamen die
Bürger der Stadt weder durch den
Salzabbau noch durch den Tourismus zu großem Reichtum und so
können sich Besucher heute an der
abgeschiedenen, durchaus reizvollen Atmosphäre erfreuen. Bei einem
Spaziergang durch das Zentrum
fallen die wehrhaften, gedrungenen
Häuser auf. Die Bauweise stammt
aus der Zeit, als Ses Salines die Angriffe von Piraten fürchten musste.

Vorgeschichtliche Siedlung
Im Westen Ses Salines liegt das
Talaiotdorf **Els Antigors**, etwa 1 km
von der Hauptstraße entfernt. Der
Weg zu der prähistorischen Stätte
ist vom Friedhof aus markiert. Im
Jahr 1916 fand man die Überreste
der Talaioten und legte sie frei.
Seitdem sind sie frei zugänglich und
wurden nicht sonderlich für den
Tourismus gepflegt, der besterhaltene Turm steht zudem auf Privatge-
lände. Trotzdem lässt die Fundstelle
einen Eindruck von der Megalith-
bauweise und der Lebensweise der
Talaiotkultur entstehen.

Salz an der Südküste
Bereits bei der Anfahrt nach Ses
Salines fallen die weiß leuchtenden
Salzhügel der Salinen ins Auge. Hier
gewinnt man Speisesalz von hoher

Qualität, das in den Supermärkten und Märkten der Region verkauft wird. Die **Salines de Llevant** erreicht man auf der mit „Es Trenc" beschilderten Seitenstraße der Strecke von Campos zum Platja Es Trenc. Da die alten Salzgärten heute zur Sumpflandschaft des **Parc Natural Salobrar de Campos** zählen und unter Naturschutz stehen, lassen sich Flamingoschwärme und andere Vogelarten, die sich in dem feuchten Gebiet wohl fühlen, nur von der Straße aus beobachten (Fernglas mitnehmen!). Die inseltypische Flora kann man im botanischen Garten **Botanicactus** kennenlernen (an der Ma-6100 in Richtung Santanyí, Tel.: +34 9 71 / 64 94 94, März bis Okt. täglich 9 – 18:30 Uhr, Juni und Aug. Sa und So nur bis 14 Uhr, Nov. bis Febr. 10:30 – 16:30 Uhr, Erwachsene 7 €, Kinder 4,20 €). Im mallorquinischen Teil des Gartens wachsen Nutzpflanzen wie Ölbäume oder Zitrusfrüchte, bemerkenswert ist die große Kakteensammlung mit über 10.000 Arten.

Einen Ausflug von Ses Salines lohnt auch die Fahrt zum **Cap de Ses Salines.** Um zum Kap zu gelangen, fährt man zunächst in Richtung Es Llombards. Kurz vor dem Ortseingang zweigt nach rechts die Straße zu der felsigen Landspitze mit dem weißen Leuchtturm ab. Von hier bietet sich ein ausgedehnter Spaziergang entlang der feinen Naturstrände Platja d'es Cargol und Cala Entugores in Richtung Colònia de Sant Jordi an.

Colònia de Sant Jordi

Der ehemalige Fischerort teilt sich in die neuere Hotelzone im Westen, wo auch viele Mallorquiner ein Häuschen besitzen, und das alte Zentrum mit dem Hafen. Verbunden werden die Ortsteile durch die schöne Promenade. Colònia de Sant Jordi besticht aber weniger durch sein Ortsbild, vielmehr locken die weitläufigen Strände die Feriengäste an. Nach Nordwesten grenzt der lange Strand Es Trenc an den Ort, nach Süden hin erreicht man zu Fuß den kürzeren, aber auch ruhigeren Strand Ses Roquetes. Nicht nur aufgrund seines schneckenförmigen Aufbaus aus Stein und Glas ist das **Centre de Visitants de Cabrera** sehenswert (Carrer Gabriel Rocca, täglich 10 – 14:30 Uhr und 15:30 – 18 Uhr, Einlass nur zur vollen Stunde, Eintritt frei). Das Informationszentrum beherbergt verschiedene Aquarien und Schaukästen und zeigt die Besonderheiten des Cabrera Archipels.

Platja Es Trenc

Ein kilometerlanger, natürlicher Badestrand mit feinstem Sand auf Mallorca und kein Hotel weit und breit – das mag unglaubwürdig klingen, doch der Strand Es Trenc zwischen Sa Ràpita und der Colònia de Sant Jordi erfüllt diese Merkmale. Kein Wunder, dass zahlreiche Touristen einen weiten Anfahrtsweg nicht scheuen. Von Campos ist Es Trenc etwa 12 km entfernt. Zunächst

IV UNTERWEGS AUF MALLORCA

▶ *Salzabbau in Ses Salines.*

in Richtung Sa Ràpita, biegt man nach 8 km nach links ab und folgt den Wegweisern nach Ses Covetes, der Küstensiedlung am Rande des Naturstrands. Hier befinden sich auch Parkmöglichkeiten. Nach einem kurzen Spaziergang durch die malerische Dünenlandschaft erstreckt sich zu beiden Seiten der herrliche Sandstrand. Einsam ist es hier besonders an Wochenenden nicht gerade. Dann nehmen auch die Einheimischen gerne ihr Sonnenbad an diesem inselweit einzigartigen Strandabschnitt. Doch in der Nebensaison ist das lange, sandige Ufergebiet eine herrliche Gelegenheit zum einsamen Flanieren. Übrigens: Es Trenc ist nicht nur ein weitgehend unbebauter Strand, sondern auch die einzig offiziell ausgewiesene Bademöglichkeit für FKK-Anhänger. Freunde des Nacktbadens finden Gleichgesinnte häufig am Strandabschnitt zwischen Ses Covetes und Colònia de Sant Jordi.

ÜBERNACHTEN

↪ *Mit hauseigener Eisdiele*
Hostal Colonial €€
Carrer Gabriel Roca 9
07638 Colònia de Sant Jordi
Tel.: + 34 9 71 / 65 52 78
www.hostal-colonial.com
50 m von der Bucht Galiota entfernte Pension mit Doppelzimmern und Appartements. Fahrräder zum Ausleihen.

↪✗ *Direkt am Hafen*
Hotel Lemar €€
Carrer Bonança 1
07638 Colònia de Sant Jordi
www.hotellemar.com
Tel.: + 34 9 71 / 65 51 78
Von dem ruhigen Hotel sind es nur wenige Meter bis zum Strand.

MIGJORN IV

Romantisches Landhotel
Finca Hotel rural Es Turó €€–€€€
Camí de Cas Perets s/n
07640 Ses Salines
Tel.: + 34 9 71 / 64 95 31
www.esturo.com
2,5 km von Ses Salinas entfernt, liegt die Finca auf einem Hügel mit wunderschönem Ausblick.

ESSEN & TRINKEN

Beliebt bei Prominenten
Bodega Barahona Casa Manolo
Plaça Sant Bartomeu 2
07640 Ses Salines
Tel.: + 34 9 71 / 64 91 30
www.bodegabarahona.com
Auf der ganzen Insel bekannt für die an der Bar servierten Tapas. Im Restaurant kredenzt Manolo Fischgerichte gehobenen Niveaus.
Mo (im Winter auch So) Ruhetag.

Fischlokal
Port Blau
Carrer Gabriel Roca 67
07638 Colònia de Sant Jordi
Tel.: + 34 9 71 / 65 65 55
www.portblau.com
Spezialität des direkt am Hafen gelegenen Restaurants ist die Meeresfrüchteplatte. Di Ruhetag.

SPORT UND FREIZEIT

Katama Sailing Center
Am Platja Es Trenc
07638 Colònia de Sant Jordi
Tel.: + 34 6 96 / 52 97 88
http://katama.eu
Wassersport-Center für Katamaransegeln und Windsurfing. Der Verleih

Parc Nacional Cabrera

Ungefähr 10 km südöstlich von Mallorca wurde im Jahr 1991 der Nationalpark Cabrera als eines von sechs großen Schutzgebieten auf Mallorca eingerichtet.
Seine Besonderheit: Von den rund 10.000 ha der geschützten Fläche befinden sich nur 1.300 ha auf dem Land, der Rest ist als maritimes Schutzgebiet ausgewiesen.
Der Cabrera-Archipel besteht aus einer Gruppe von 19 teils winzigen Eilanden, die als Ausläufer der Serra de Llevant aus dem Mittelmeer herausragen.
Zahlreiche Vogelarten wie der Fischadler und die Korallenmöwe sind auf den felsigen Inseln beheimatet. Die mediterrane Vegetation beherbergt auch Wacholder und den endemischen Kreuzdorn. Mit etwas Glück lassen sich in den Gewässern Delfine, Wale oder auch Meeresschildkröten beobachten.
Ein imposantes Kastell aus dem 14. Jh. zählt ebenfalls zu den Sehenswürdigkeiten Cabreras. Der Nationalpark Cabrera ist mit öffentlichen Booten erreichbar. Von Colònia de Sant Jordi bietet Excursiones a Cabrera regelmäßig Ausflüge in den Nationalpark an (Carrer Miquel Serra Clar 4, Tel.: +34 9 71 / 64 90 34, www.excursionsacabrera.es, Abfahrt ca. 10 Uhr, Rückfahrt gegen 17 Uhr, ab 33 €). Auch privat darf Cabrera angesteuert werden. Genehmigungen erteilt die Nationalparkverwaltung in Palma (Plaça d'Espanya 8, Tel.: +34 9 71 / 72 50 10). Weitere Informationen zum Nationalpark unter reddeparquesnacionales.mma.es.

UNTERWEGS AUF MALLORCA

von Zubehör, Kurse und geführte Ausflüge runden das Angebot ab. April – Okt. je nach Wetterlage zwischen 10 und 18 Uhr geöffnet.

SERVICEINFOS
Centre Cívic mit Tourismusinformation
Carrer Esplanada del Puerto
07638 Ses Salines
Tel.: + 34 9 71 / 65 60 73
www.ajsessalines.net

▶ SANTANYÍ

12.700 Einwohner (S. 186, C4)

▶ Typische Hausansicht in Santanyí.

Das Gemeindegebiet von Santanyí befindet sich im Südosten der Insel fern der touristischen Ballungszentren. Die höchsten Erhebungen sind der Pena Bosca (280 m ü. NN) und der Puig Gros (271 m ü. NN). Zum Gebiet gehört ein langer Küstenabschnitt, der auch den südlichsten Punkt der Baleareninsel umfasst: das Cap de ses Salines.

Zentrum des Gemeindegebiets ist die beschauliche Stadt Santanyí. Dort finden sich neben prähistorischen Siedlungen der Talaiot-Kultur Überreste der Römer und Mauren. Erstmals fand „Sancti Aini" Erwähnung im Jahr 1236. 1300 gründete König Jaume II. den Ort offiziell und verlieh ihm sogleich das Stadtrecht. Im Mittelalter sah sich die Stadt häufig Piratenüberfällen ausgesetzt. Schutz bieten sollte die imposante Stadtmauer, von der nur noch Reste im alten Stadttor Sa Porta Murada (Carrer de Palma) mit dem Turm aus dem 16. Jh. wiederzufinden sind. Der wichtigste Treffpunkt der Stadt ist der Plaça Major. Um den Platz wurden einige sehenswerte Gebäude errichtet: Aus dem 16. Jh. stammt die ehemalige Wehrkirche **Sant Andreu Apòstol** (tgl. 19–20:30 Uhr). Die vom berühmten spanischen Orgelbauer Jordí Bosch konstruierte barocke Orgel im Inneren der Kirche ist auch außerhalb der Öffnungszeiten zu besichtigen (Schlüssel im Pfarramt (rectoría)).

Während eines Umbaus im 18. Jh. wurde die Pfarrkirche **Capella del Roser** aus dem 14. Jh. mit in den Bau der Kirche integriert (Rosenkranzkapelle, Mi und Sa 9–13 Uhr, So 8:30–12:30 Uhr). Sie besticht durch ihr schönes Kreuzrippengewölbe. An der Plaça Major befindet sich auch das Rathaus aus dem Jahr 1902.

Naturpark

Zum Schutz der Natur und Landschaft zwischen Portopreto und Cala Figuera wurde 1992 der **Parc Natural de Mondragó** eingerichtet. Hier stehen auf einer Fläche von 785 Hektar seltene Orchideenarten, Vögel und die einheimische Landschildkröte unter Schutz. Der Naturpark beherbergt vom trockenen Hinterland über Feuchtgebiete auch Strandgebiete der Cala Mondragó. Entsprechend vielgestaltig ist die Vegetation des Schutzgebietes: Neben landwirtschaftlich genutzten Flächen mit Mandel- und Olivenplantagen wachsen Steineichenwälder, im Schatten von Kiefernhainen gedeiht das seltene Knabenkraut. In den kargen Trockengebieten breitet sich die inseltypische Macchie aus. Wenn im Winter die Regenfälle einsetzen, schwellen die Bäche zu wahren Strömen an. Brackwasserseen füllen sich dann zusehends und hauchen Schilfrohr, Bambus und Tamarisken neues Leben ein. Historische Trockenmauern ergänzen das abwechslungsreiche Bild. Die Highlights des Naturparks Mondragó kommen jedoch zweifellos aus der Tierwelt. Aufgrund der geschützten Strandabschnitte fühlt sich an den Küstengewässern eine Vielzahl an Reptilien wohl. Verschiedene Natternarten, darunter Viper, Buschschlange und Kapuzennatter, stellen hier ungestört Fröschen und kleinen Fischen im Uferbereich nach. Auf den Felsen sonnt sich der Mauergecko, während sich die Wechselkröte im Morast eingräbt. Ein erfolgreiches Wiederansiedlungsprogramm gibt der Mittelmeerschildkröte im Schutzgebiet eine neue Chance. Mit etwas Glück ist die reichhaltige Tierwelt Mondragós zu besichtigen, ein Besuch der herrlichen Landschaft lohnt sich in jedem Fall. Sowohl von Norden als auch von Süden her gibt es Zufahrten und einen Parkplatz. Von jeder Richtung sind die Eingänge ausgeschildert, die einen guten Ausgangspunkt bilden, um den ausgeschilderten Wanderwegen zu folgen. Beim nördlichen Parkplatz befindet sich ein Informationszentrum (Tel.: +34 9 71 / 18 10 22, tgl. 9–16 Uhr). In Santanyí selbst gibt es zum Naturpark ein Informationszentrum mit Ausstellung, das Can Crestall (Carrer Llaneras 8, Tel: +34 9 71 / 64 20 67, Mo bis Fr 8–15 Uhr).

Buchten

Neben der Stadt Santanyí sind auch die drei Küstenorte Cala d'Or, Cala Figuera und Portoperto von touristischer Bedeutung in der Region. Der Name „Goldbucht" lässt vermuten, dass es sich bei **Cala d'Or** nur um eine malerische Bucht handelt. Vielmehr ist Cala d'Or jedoch ein Ferienort mit einigen tausend Einwohnern, der in seinem Erscheinungsbild und der Bauweise zudem eher an Ibiza erinnert. Dies liegt an seinem Erbauer – einem Architekten aus Ibiza, der in den 1930er Jahren den Ort für touristische Zwecke geplant hat. Glücklicherweise wurde

UNTERWEGS AUF MALLORCA

zwischen den einstöckigen, weißen Bungalows aber auch viel Grün eingeplant.
Neben der Bucht von Cala d'Or gibt es zwischen den Klippen viele andere Küstenabschnitte mit feinen Sandstränden zu entdecken: Cala Egos, Cala Serena, Cala Ferrera oder Cala Esmeralda. Zwischen den einzelnen Buchten verkehrt ein Minizug, der Besucher auch in das kleine Fischerörtchen **Portopetro** bringt. Im Ortskern lädt die belebte Fußgängerzone mit kleinen, blumengeschmückten Plätzen, Läden, Cafés und Restaurants zum Flanieren ein. Sehenswert ist die Marina Porto Cari mit dem exklusiven Jachthafen. Dort bietet sich ein 20-minütiger Spaziergang zum Es Fortí (Avinguda de Forti) an. Von der Festungsanlage, die aus dem 19. Jh. stammt, hat man eine herrliche Aussicht. 3,5 km südlich von Santanyí liegt die von Felsen umsäumte, weißsandige Badebucht Cala Santanyí. Die ruhige, strömungsfreie, von Rettungsschwimmern überwachte Bucht ist ideal für Familien mit Kindern. Hier bietet sich ein Ausflug mit dem Tretboot an: Vorbei an einer nahen Felsnase erreicht man schnell die imposante Felsenbrücke **Es Pontas,** wo man auf den sanften Wellen schaukelnd die herrliche Kulisse genießt. Das etwa 5 km von Santanyí entfernte Fischerdorf **Cala Figuera** wurde 1306 erstmals erwähnt. Hier lockt kein Sandstrand, sondern es warten einladend die malerischen Fischerhäuser in der Bucht und fangfrischer Fisch. Wer sich nachmittags einen Platz in einem der Cafés am Hafen aussucht, kann die Rückkehr der Fischkutter miterleben.

▶ *In der Altstadt von Santanyí.*

MIGJORN IV

Neben der weitaus bekannteren Cala Figuera liegt westlich der Cala Santanyí die wenig besuchte, aber durchaus reizvolle **Cala Llombards**. Vor einer herrlichen Felskulisse gesäumt, ist dieser kleine Sandstrand nur selten überlaufen – was nicht zuletzt auch am etwas umständlichen Anfahrtsweg liegt. Obwohl die Cala Llombards nur knapp 2 km Luftlinie von der Cala Santanyí trennen, beträgt die Entfernung über eine Straße 10 km. Vom Ende der Fahrstraße führt eine steile Treppe zur Bucht hinunter. Touristen sieht man selten an der Cala Llombards. Nur etwa 300 m westlich schließt sich die **Cala Moro** an. Obwohl dieses Kleinod sicherlich zu den schönsten Buchten auf Mallorcas zählt, ist sie für viele noch immer ein Geheimtipp. Sanft läuft der helle Strand in das von felsigen Ufern umrandete, türkisblaue Meer. Aleppo-Kiefern wiegen sich im Wind und nur vereinzelte Besucher aalen sich auf ihren Strandtüchern in der Sonne.

ÜBERNACHTEN

Mit eigenem Animationsteam
Hotel Rocador ***   €–€€€
Marques de Comillas 3
07660 Cala d'Or
Tel.: +34 9 71 / 65 77 25
www.hotelesrocador.com
Bestehend aus zwei Hotels, dem Hotel Rocador und Rocador Playa. Stilvolle Einrichtung und gepflegte Atmosphäre, direkt am Strand von Cala d'Or gelegen.

Cluburlaub
**Robinson Club
Cala Serena ****   €€€**
07660 Cala Serena/Cala d'Or
Mobil: 0 18 03 / 76 24 67
www.robinson.com
Sport, Fitness und Animation stehen hier im Vordergrund, komfortables Wohnen inbegriffen.

Mit Strandblick
Hotel Cala Santanyí ****   €€€€
Carrer Sa Costa dets Etics s/n
07659 Cala Santanyí
Tel.: +34 9 71 / 16 55 05
www.hotelcalasantanyi.com
Das Hotel liegt direkt an der Badebucht. Es verfügt über zwei Pools, einen Spa-Bereich und bietet geführte Wanderungen an.

Am Rande des Naturparks
Agroturisme Na Martina   €€€€
Ctra. Porto Petro-Cala Mondrago s/n , 07691 Porto Petro
Tel.: +34 9 71 / 64 82 50
www.namartina.eu
Weitab von jeglichem Massentourismus kann man sich in der angenehmen Atmosphäre der Finca mit Bauernhof und Pool entspannen. Fahrräder zum Ausleihen, außerdem werden Massagen angeboten.

ESSEN & TRINKEN

Abwechslungsreiche Küche
Pura Vida
Carrer de Tomarinar 25
07659 Cala Figuera de Santanyí
Tel.: +34 9 71 / 16 55 71
www.pura-vida-mallorca.com

IV UNTERWEGS AUF MALLORCA

Das Restaurant mit Bar besitzt eine schöne Terrasse direkt am Meer. Neben kulinarischen Köstlichkeiten gibt es einen kleinen Biker-Shop. Tgl. geöffnet.

✕ *Mit Blick auf den Jachthafen*
Rafael y Flora
Carrer de Far 12
Portopetro, 07691 Santanyí
Tel.: +34 9 71 / 65 78 09
Das beschauliche Lokal ist neben seinen inseltypischen Paellas und verschiedenen Tapas vor allem für die frischen, inseltypischen Fischgerichte bekannt. Regionale Produkte werden verwendet. Di Ruhetag.

✕ *Liebevoll eingerichtet*
Sa Botiga
Carrer del Rosser 2, 07650 Santanyí
Tel.: +34 9 71 / 16 30 15
www.sa-botiga-santanyi.de
In dem netten Café nahe der Kirche gibt es nicht nur Kaffee und Kuchenspezialitäten, sondern auch ein reichhaltiges Frühstücksbuffet. Tgl. geöffnet.

✕ *Leichte mediterrane Küche*
Es Cantonet
Plaça F. Bernareggi 2
07650 Santanyí
Tel.: +34 9 71 / 16 34 07
www.es-cantonet.net
Das 100 Jahre alte Stadthaus hat trotz mehrfacher Renovierungsarbeiten seinen traditionellen Charakter und Charme erhalten können. Gute abwechslungsreiche Küche. So Ruhetag.

SPORT & FREIZEIT
Bike Shop Rental
Carrer d'en Perico Pomar 5
07660 Cala d'Or
Tel.: +34 9 71 / 65 90 07
www.moto-sprint.com
Fahrrad-, Motorrad- und Autoverleih. Preise pro Tag: Fahrrad ab 7 €, Roller ab 29 €, Motorrad ab 49 €.

MDS – Michaels Diving School
Avinguda de s'Horta s/n
07669 Cala Serena/Cala d'Or
Tel.: +34 9 71 / 64 37 15
www.mds-mallorca.de
Neben Einzeltauchgängen sind auch Tages- oder Wochentouren buchbar. Tagestour ab 75 €.

Rancho Jaume
Carrer Palma-Portopetro s/n
Tel.: +34 9 71 / 96 29 62 70 63
www.reiterferien-mallorca.com
Im Sommer jeden Tag Ausritte ins Gelände, auch in den Naturpark Mondragó. Einstündiger Ausritt 15 €.

Vall d'Or Golf
Ctra. Cala d'Or-Portocolom km 7,7
07669 S'Horta (Felanitx)
Tel.: +34 9 71 / 83 70 01
www.valldorgolf.com
18-Loch-Platz mit schöner Aussicht auf die Bucht und das Meer. Tgl. geöffnet, 18-Loch Green-Fee: 98 €.

ABENDGESTALTUNG
Bar Sa Plaça
Plaça Mayor 26, 07650 Santanyí
Tel.:+34 9 71 / 65 32 78

MIGJORN IV

▶ *Leuchtende Farben auf dem Markt in Santanyí.*

Nette kleine Bar im Stadtzentrum, die an manchen Abenden auch Live-Aufführungen in ihr Programm aufgenommen hat.

Mabu-Hay
Av. de Bélgica 23, 07660 Cala D'Or
Tel.: + 34 9 71 / 65 80 21
www.mabu-hay.com
In dem seit 1982 bestehenden „Hawaiian-Pup" werden viele unterschiedliche Cocktails angeboten. Mit dabei ist ein kleiner Laden, in dem u. a. hawaiianischer Schmuck verkauft wird.

Discoteca Chic Palace
Carrer de Puntetes 5
07660 Santanyí
Tel.: + 34 9 71 / 64 35 57
Beliebte Diskothek im Ort mit unterschiedlicher Musik.

SERVICEINFOS
Tourismus Santanyí
Av. de'n Perico Pomar 10
07660 Cala d'Or
Tel.: +34 9 71 / 65 74 63
www.ajsantanyi.net/infoturisme

▶ FELANITX

18.300 Einwohner (S. 186, C3)

Im Osten der Baleareninsel liegt die Gemeinde Felanitx. Die fruchtbare Region wurde schon von den Mauren (902-1229) besiedelt. Jedoch gelangte Felanitx erst zu Reichtum, als die Piratenüberfälle im 18. Jh. eingedämmt werden konnten.
Der ertragreiche Boden machte einen Handel mit Getreide und Weißwein möglich. Verschifft wurden die Produkte über den nahegelegenen Hafen Portocolm, der auch heute noch von großer Bedeutung ist.

IV UNTERWEGS AUF MALLORCA

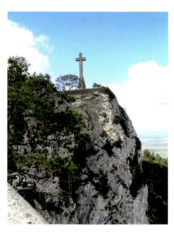

▶ *Die 7 m hohe Christusfigur.*

Cerámica Mallorca

Berühmt gemacht hat die Region die Cerámica Mallorca. Die Keramikkunst der Region zeigt sich an den Gebäuden vor allem an den aus Kacheln (Azulejos) zusammengesetzten Wandbildern und Hausnummern. Wer diese erstehen möchte, kann z. B. den Familienbetrieb in Felanitx, der seit 1947 besteht, aufsuchen (**Ceràmiques Mallorca:** Carrer Sant Agustí 50, 07200 Felanitx, Tel.: +34 9 71 / 58 02 01, www.ceramicasmallorca.com).

Die geschichtsträchtigen Berge von Felanitx

Auf dem ca. 7 km südöstlich von Felanitx gelegenen Puig de Sant Salvador (509 m ü. NN) wurde 1342 ein Kloster gegründet, das Santuario de San Salvador. Die Klosterburg baute man im Mittelalter aufgrund von stetigen Plünderungen arabischer Piraten zu einer Festung um. An der Stelle, wo der Legende nach ein Hirtenjunge eine Marienfigur gefunden hat, wurde eine kleine Kapelle errichtet. Die Marienfigur aus dem 13. Jh. ist das Ziel der Pilgerreisenden.

Neben den Gebäuden beeindruckt das Christkönigmonument, eine 7 m hohe Christusfigur. Das Santuario befindet sich seit 1992 in Privatbesitz und beherbergt einen Gasthof mit Übernachtungsmöglichkeit (siehe Übernachten). Vom Berg bietet sich bei gutem Wetter auch ein herrlicher Blick auf die umgebende Landschaft.

Castell de Santueri

Südöstlich von Felanitx steht auf einem Felsplateau der Bergkette Serres de Llevant die Ruine der mittelalterlichen Festungsanlage **Castell de Santueri** (408 m ü. NN). Die Grundmauern der Burg stammen noch aus römischer Zeit (123 v. Chr.). Seit dem 10. Jh. wurde die Festung von den Arabern genutzt. Im 14. Jh. eroberten die Spanier das Bollwerk. Sie machten die gesamte Burg fast dem Erdboden gleich und erbauten anstelle der alten das neue Kastell. Dieses diente v.a. dem Schutz vor Piratenüberfällen. Seit dem 18. Jh. ist das Castell de Santueri dem Verfall überlassen. Heute kann man noch große Teile der einstigen Umfassungsmauern und stolzen Türme besichtigen. Außerdem hat man zugleich einen schönen Blick auf die sich darunter ausbreitende, weite Landschaft. Geöffnet ist die Burg von Mitte Mai bis Okt. (9 Uhr bis Dämmerung, Eintritt 3 €).

Felanitx Stadt
Zwischen den von alten Windmühlen bestandenen Hügeln liegt die von den Mauren gegründete Stadt Felanitx. Die Mühlen stammen aus der Zeit, als in der Umgebung vor allem Getreide angebaut wurde. Aus den Weinbergen der Serres de Llevant stammt der berühmte Wein Son Burguera. Daneben ist die ehemalige Handelsstadt für den Anbau von Kapern und Aprikosen bekannt. Sie gilt als Versorgungszentrum für den Südosten Mallorcas. In der Stadt kann man oberhalb der Plaça Sa Font de Santa Margalida die sehenswerte Pfarrkirche Sant Miquel besichtigen. Die im 13. Jh. errichtete Kirche steht vermutlich auf den Grundmauern einer Moschee. Im sakralen Bauwerk mit den Rosettenfenstern befindet sich ein vergoldeter gotischer Altar. Gegenüber der Kirche führt eine Treppe zur Font de Margalida. Diese nie versiegende Quelle der heiligen Santa Margalida ist das Ziel vieler Pilger. Von der Pfarrkirche führt ein alter Pilgerweg auf den Kalvarienberg. Der Anstieg über die Treppen belohnt mit einem Blick über die Stadt und die nähere Umgebung.

Kleine unberührte Buchten
Die **Cala Marçal** mit ihrem flachen Strand ist vor allem für Familien mit Kindern ein beliebtes Urlaubsziel.

▶ Blick auf Felanitx.

IV UNTERWEGS AUF MALLORCA

Nahe der Bucht ist ein kleiner Spaziergang durch die Bananenplantagen lohnenswert. Südlich von Cala Marçal befindet sich die kleine romantische Bucht **Cala Brafi,** die nur zu Fuß zu erreichen ist. Zwischen Cala d'Or und Portocolom lohnt die Bucht **Cala Sa Nau** mit ihrem klaren Wasser und dem feinen, weißen Sand einen Besuch (mit dem Auto nach S'Horta, dann weiter nach Cala Ferrata, ab dort ist der 2,5 km lange Weg ausgeschildert).

Portocolom

Das 10 km südöstlich von Felanitx gelegene Dorf Portocolom entwickelte sich an einem natürlichen Hafen ohne eigenen Sandstrand. Von den Einwohnern Portocoloms wird aufgrund des Ortsnamens behauptet, dass der Ort der Geburtsort von Christoph Columbus sei. Ein gemütlicher Spaziergang führt durch historische schmale Gassen und an kleinen blumengeschmückten Plätzen vorbei. Beeindruckend ragt die imposante, aus Bruchsteinen gemauerte Wehrkirche Nostra Senyora del Carmen in den Himmel. Der Hafen selbst, der im 13. Jh. als Handelshafen von Felanitx fungierte, ist umgeben von den inseltypisch bunt bemalten Bootsschuppen. Passend zu diesen kann man noch viele traditionelle llaüt (mallorquinische Fischerboote) entdecken.

ÜBERNACHTEN

Ehemaliges Kloster
Santuari de Sant Salvador €
Puig Sant Salvador
Carretera Felanitx-Portocolom
07200 Felanitx

▶ *Pfarrkirche Sant Miquel.*

Tel.: +34 9 71 / 82 72 82
Auf dem Berg Puig de Sant Salvador wurde die ehemalige Klosteranlage für Touristen zugänglich gemacht. Die spartanisch eingerichteten Zimmer vermitteln einen prägenden Eindruck vom Leben im Kloster.

⇌✕ *Direkt am Sandstrand*
Club Cala Marsal €–€€
Playa de Cala Marçal, Portocolom
Tel.: +34 9 71 / 82 52 25
www.hotelclubcalamarsal.com
Das Hotel mit über 300 Zimmern verfügt über modern eingerichtete Zimmer und neben zwei Pools über viele weitere Freizeitmöglichkeiten.

⇌✕ *Fincahotel*
Es Passarell €€
2a Vuelta Nr. 117, 07200 Felanitx
Mobil: +34 6 30 / 08 69 94
www.espassarell.com
Der ehemalige Bauernhof im Nordwesten von Felanitx wurde schon im 19. Jh. erbaut und als gemütliches Landhaus mit Pool restauriert. Neben geführten Wanderungen und Mountainbike-Touren gibt es Bogenschießen und Yoga.

⇌✕ *Traditionelles Bauernhaus*
Son Menut €€
07208 Felanitx
Tel.: +34 9 71 / 58 29 20
www.sonmenut.com
Auf der Carrer de Son Negre im Westen von Felanitx der Beschilderung folgen. Gemütlich ausgestattetes renoviertes Landhaus mit Reitschule, Pool und Restaurant.

ESSEN & TRINKEN
✕ *Traditionelle mediterrane Küche*
Estragon
Plaça Peralada 14, 07200 Felanitx
Tel.: +34 9 71 / 58 33 03
www.estragon-felanitx.com
Liebevoll restauriertes Dorfhaus mit einer rustikalen Einrichtung und einer großen Terrasse. Die Speisekarte bietet traditionelle mallorquinische Gerichte. Mo und Di Ruhetag.

✕ *Fangfrischer Fisch*
Sa Sinia
Carrer Pescadores 25
07170 Portocolom
Tel.: +34 9 71 / 82 43 23
In dem am Hafen gelegenen Restaurant genießt man die typische mallorquinische Küche von der Terrasse mit Ausblick über die Bucht. Vor allem der Fisch ist empfehlenswert. Mo Ruhetag.

✕ *Mediterrane Küche*
Restaurante Colón
Carrer Cristobal Colón 7
07670 Colon
Tel.: +34 9 71 / 82 47 83
www.restaurante-colon.com
Hier kann man sich vom österreichischen Starkoch Dieter Söger bekochen lassen. Tgl. geöffnet, im Winter geschlossen, .

SERVICEINFOS
Touristinformation
Carrer de la Marçal 15
07670 Felanitx
Tel.: +34 9 71 / 82 60 84
www.felanitx.org

WANDERN AUF MALLORCA / TOUR 1

1 Natur pur auf Sa Dragonera

TOURINFO KOMPAKT

Anspruch:	Länge:	Dauer:	Höhendifferenz:
leicht	7,9 km	2:30 Std.	353 m

Durch einen kleinen Teil des Naturparks auf Sa Dragonera, ein Eiland vor der Westspitze Mallorcas, führt diese Tour. Vom alten Leuchtturm auf dem höchsten Gipfel der Insel, Na Pòpia, schauen wir auf die bizarre Felslandschaft.

Ausrüstung: Wanderschuhe, Getränke.

Anfahrt mit dem Auto: Ma-1 oder Ma-10 nach Andratx, weiter über die Ma-1030 nach Sant Elm, von dort mit dem Schiff nach Cala Lladó.

Anfahrt mit Bus & Bahn: Mit dem Bus nach Sant Elm, weiter mit dem Schiff nach Cala Lladó.

Ausgangspunkt: Hafen von Sant Elm
39° 35′ 16″ N 2° 19′ 42″ O

Einkehr: Diverse Einkehrmöglichkeiten in Sant Elm.
Unsere Empfehlung:
Cala Conills · Carrer Cala Conills s/n · 07159 Sant Elm · Tel.: +34 9 71 / 23 91 86 · www.calaconills.com, Fisch und Meeresfrüchte, Mo Ruhetag.

▶ *Es Tacant.*

SERRA DE TRAMUNTANA / SANT ELM

Unsere Tour beginnt am **Hafen der Cala Lladó** ❶ auf Sa Dragonera, einem Eiland vor Mallorca. Von Sant Elm aus, an der Westspitze Mallorcas, gelangt man mit dem Schiff dorthin. Wir informieren uns zunächst auf Sa Dragonera im Museum über dessen Naturpark und folgen dann oberhalb des Hafens den Wegweisern „Na Pòpia – Es Far Vell" nach links. Nach einer Weile verlässt man die asphaltierte Straße und biegt rechter Hand in einen Schotterweg ein. Dieser führt uns im Schatten alter Kiefern und Olivenbäume über den Es Tacant zum 98 m hohen **Coll Roig** ❷. Umgeben von Rosmarinduft, kann man hier seltene Vögel wie Korallenmöven, Fischadler, Turmfalken und Eleonorenfalken beobachten. Hin und wieder huscht auch eine nur auf der Dracheninsel lebende Eidechse an uns vorbei. An der steil abfallenden Westküste der Insel orientieren wir uns nach Südwesten und wandern auf dem gemauerten Muliweg in Serpentinen durch eine mediterrane Buschlandschaft zum 353 m hohen Gipfel des Na Pòpia hinauf. Kurz vor dem Na Pòpia kommt man an

verfallenen Gemäuern und einem alten **Leuchtturm** ❸ vorbei. Dieser wurde Mitte des 19. Jh. erbaut, um eindringende Piraten frühzeitig zu entdecken. Von der Terrasse des Leuchtturms haben wir einen herrlichen Ausblick auf den Canal des Freu, die Wasserstraße zwischen Sa Dragonera und Mallorca. Diese ist für ihre Strömungen berüchtigt. Von dort geht es noch auf den Gipfel des **Na Pòpia** ❹. Nach der Pause wandern wir auf demselben Weg zum Bootsanleger an der Cala Lladó zurück, um schließlich wieder mit dem Schiff nach Sant Elm überzusetzen.

TOURPROFIL

Leichte Wanderung auf gut ausgebauten Wegen.

WANDERN AUF MALLORCA / TOUR 2

2 Zum Kloster La Trapa

TOURINFO KOMPAKT

Anspruch:	Länge:	Dauer:	Höhendifferenz:
leicht	7,9 km	3:00 Std.	472 m

Auf alten Pilgerwegen wandern wir von Sant Elm zum ehemaligen Kloster La Trapa und erleben beeindruckende Aussichten sowie historische Hingucker.

Ausrüstung: Feste Wanderschuhe, Sonnenschutz, Getränke und Verpflegung für unterwegs.

Anfahrt mit dem Auto: Ma-1 oder Ma-10 nach Andratx, weiter über S'Arracó nach Sant Elm.

Anfahrt mit Bus & Bahn: Mit dem Bus nach Sant Elm.

Ausgangspunkt: Strand S'Algar in Sant Elm
39° 34' 60" N 2° 20' 58" O

Einkehr: Diverse Einkehrmöglichkeiten Sant Elm.
Unsere Empfehlung:
Vistamar · Avenida Jaume I. 46 · 07159 Sant Elm · Tel.: +34 9 71 / 23 75 47, Paellaspezialitäten, Di Ruhetag.

▶ *Der Aussichtspunkt bietet einen herrlichen Blick auf Sa Dragonera.*

SERRA DE TRAMUNTANA / SANT ELM

▶ *Die alten Mauern des Klosters.*

Wir starten diese Wanderung an der Bucht S'Algar in Sant Elm. An deren südlichem Ende wandert man auf dem Camino de Trapa nach Nordosten. Diese Straße geht wenig später in einen Schotterweg über, auf dem man im Schatten alter Kiefern schließlich leicht bergauf wandert. Kurze Zeit später erreichen wir die **Finca Can Tomeví** ❶ und gehen an der Kreuzung hinter dem Haus geradeaus weiter. Bereits nach wenigen Minuten quert man erneut eine Weggabelung und wandert geradeaus – nun etwas steiler bergauf – bis hin zu einer Ruine. Hier biegen wir rechts ab und ignorieren anschließend jegliche Abzweigungen. Unser Weg schlängelt sich – vorbei an einigen Felsen – in Kehren bergauf und erreicht eine Lichtung, von der man eine herrliche Aussicht auf die Insel Sa Dragonera hat. Vorbei an Zwergpalmen steigen wir zunächst den Hang empor und wandern dann parallel zu den Felsen weiter. Nun sieht man auch schon den Wachturm Torre de Cala Embasset, der im 16. Jh. zum Schutz vor Piraten erbaut wurde. Nach einer Weile wird das Gelände unwegsamer, wir klettern von

TOURPROFIL

Einfache Runde mit mehreren kleinen Anstiegen.

WANDERN AUF MALLORCA / TOUR 2

Steinpyramide zu Steinpyramide über die Felsen bis zu einem steil abfallenden Abgrund empor. Kurz davor wendet man sich rechts, biegt oberhalb eines Durchlasses erneut nach rechts ab und folgt dann dem Weg zu unserer Linken bergauf. An einer Mauer orientiert man sich links und steigt anschließend auf einen Felsrücken. Von hier können wir die alten Gemäuer des **Klosters La Trapa** ❷ sehen, das von imposanten alten, einst landwirtschaftlich genutzten Terrassen umgeben ist. Dieses Kloster wurde ursprünglich von einem Trappistenorden bewohnt. Die Trappisten formierten sich im 17. Jh. als Reformzweig der Zisterzienser und lebten in völliger Askese und Autarkie. Um Landwirtschaft an den steilen Hängen betreiben zu können, wurden daher Terrassen angelegt, die man heute noch sehen kann. Mitte des 19. Jh. wurden jedoch in Spanien alle kirchlichen Besitztümer säkularisiert – seit 1980 ist die Klosterruine Eigentum

▶ *Steil geht es hinauf zum Kloster La Trapa.*

SERRA DE TRAMUNTANA / SANT ELM

▶ *Die Terrassen bei La Trapa wurden einst landwirtschaftlich genutzt.*

der balearischen Umweltorganisation GOB (Grup Balear d'Ornitologia i Defensa de la Naturalesa), um das Gebiet rund um den Klosterkomplex als Naturschutzzone zu erhalten. In diesem etwa 75 Hektar großen Areal wachsen allein 16 Pflanzenarten, die weltweit nur auf Mallorca zu finden sind. Mit viel Glück kann man hier auch seltene Vogelarten beobachten.

Vom Kloster wandern wir zu einer Mühle, halten uns hinter einer Mauer links und erreichen bald einen ehemaligen Dreschplatz. Hier beginnt ein schmaler Pfad zu einem **Aussichtspunkt** ❸. Dort fällt das Kliff senkrecht ab und man hat eine herrliche Aussicht auf die Insel Sa Dragonera, auf die wilden Steilküsten und das Meer sowie auf die umliegenden Berge. Nach dieser Pause gehen wir zum Kloster zurück und folgen dem steilen Fahrweg zum **Coll de ses Ànimes** ❹ hinauf. Von der 370 m hohen Passhöhe wandert man in Kehren wieder bergab und kommt bald an einer Finca vorbei. Während dieses Streckenabschnittes genießen wir immer wieder großartige Ausblicke. Von Feigenbäumen gesäumt, erreichen wir schließlich kurz hinter dem Gehöft eine Weggabelung und halten uns hier rechts. An der nächsten Kreuzung biegt unsere Route nach links ab und führt uns erneut zu einem Grundstück. Dahinter folgt man dem Weg linker Hand zur Finca Can Tomeví, von wo man auf bekanntem Weg zurück nach Sant Elm wandert.

WANDERN AUF MALLORCA / TOUR 3

3 Küstenwanderung zum Cap de Cala Figuera

TOURINFO KOMPAKT

Anspruch:	Länge:	Dauer:	Höhendifferenz:
leicht	8,1 km	2:30 Std.	241 m

Entlang der Steilküste am Cap de Cala Figuera geht es von Bucht zu Bucht durch ein einzigartiges Vogelparadies.

Ausrüstung: Feste Wanderschuhe, ausreichend Getränke und Verpflegung, Sonnenschutz, evtl. Badesachen für eine Badepause.

Anfahrt mit dem Auto: Ma-1 von Palma nach Magaluf, von dort in südliche Richtung nach Portals Vells.

Ausgangspunkt: Cala de Portals Vells
39° 28´ 20" N 2° 31´ 9" O

Einkehr: Einkehrmöglichkeiten im nahegelegenen Palma Nova.
Unsere Empfehlung:
Ciro's · Paseo del Mar 3 · 07159 Sant Elm · Tel.: +34 9 71 / 68 10 52, in dem traditionsreichen Lokal mit Terrasse und Meerblick werden abwechslungreiche mediterrane Speisen serviert, tgl. geöffnet.

▶ *Türkisblaues Wasser an der Cala Portals Vells.*

SERRA DE TRAMUNTANA / PORTALS VELLS

▶ Ausblick von der Punta des Cavall.

Am Parkplatz der Bucht Cala Portals Vells beginnt diese abwechslungsreiche Tour. Von dort gehen wir sogleich zur Fahrstraße und orientieren uns in Richtung Westen. Nach etwa 1 km kommt man an eine Kreuzung, verlässt hier die asphaltierte Straße, passiert eine Schranke und folgt im Schatten alter Kiefern rechter Hand dem Schotterweg leicht bergauf. Etwa 500 m hinter einer Kurve hält man sich links und biegt ca. 100 m weiter nach rechts ab. Im Anschluss überqueren wir einen sandigen Platz, an dem eine Sandtrasse zur Anhöhe von Rafalbetx beginnt, treffen dort auf ein umzäuntes Militärgelände und halten uns hier links. Nun wandert man entlang

TOURPROFIL

Rundwanderung auf angenehmen Pfaden und Wegen.

8,1 km Länge

CALA PORTALS VELLS

Ein beliebtes Ausflugsziel sind die malerischen Strandbuchten der Cala Portals Vells. Das türkisfarbene Wasser der sanft geschwungenen Buchten ist ein ideales Revier zum Schwimmen und Schnorcheln. Angrenzende Kiefernwälder spenden am Strand erholsamen Schatten. Über einen kleinen, felsigen Pfad sind die einzelnen Strandabschnitte miteinander verbunden. Zwei nette Strandlokale in der südlichen und mittleren Bucht bieten kühle Erfrischungen und kleine Snacks. In den Klippen am Südrand befindet sich zudem die Cova Mare de Déu, eine faszinierende Höhle, die möglicherweise als Materialquelle für den Bau der Kathedrale in Palma diente.

des Zauns bis zur Felskante an der **Cala Rafalbetx** ❶. Nahe der Küste geht es nun in südliche Richtung bis zur felsigen Landzunge des **Morro d'en Feliu** ❷. Von hier haben wir eine herrliche Aussicht über die malerische Bucht von Rafalbetx und können dabei auch einige seltene Vogelarten beobachten. Nach einer Pause wandern wir auf schmalen Pfaden am Küstensaum entlang durch eine mediterrane Buschlandschaft bis zur Punta des Catuis und weiter zu einem alten Wachturm. Hier hat man einen herrlichen **Blick auf den Leuchtturm** ❸ am Cap de Cala Figuera, der sich in einem Sperrgebiet befindet. Auch die Bucht von Palma ist zu sehen.

▶ Ausblick an der Felskante bei der Cala Rafalbetx.

SERRA DE TRAMUNTANA / PORTALS VELLS

Nachdem wir in Ruhe die Aussicht genossen haben, gehen wir wieder am verfallenen Wachturm vorbei und biegen einige Meter dahinter auf den schmalen Pfad zu unserer Rechten ein. An der Felskante steigt man nun über Serpentinen zu den Klippen hinauf, geht weiter bis zur **Cala en Beltran** ❹, umrundet diese und kommt dann zur Punta des Cavall. Dort treffen wir auf einen etwas breiteren Weg, folgen ihm nach links und erreichen kurze Zeit später, im Schatten alter Kiefern, die Punta de Xicclet und gleich danach wieder den Ausgangspunkt unserer Tour: die malerischen Buchten von Portals Vells.

WANDERN AUF MALLORCA / TOUR 4

4 Die Bucht von S'Estaca

TOURINFO KOMPAKT

Anspruch:	Länge:	Dauer:	Höhendifferenz:
leicht	6,3 km	2:30 Std.	168 m

Zur malerischen Bucht von S'Estaca führt diese Wanderung, einem bezaubernden Fleckchen Erde unterhalb des gleichnamigen Herrenhauses aus dem 19. Jh. In dem typisch mallorquinischen Fischerdorf lohnt es sich, einen Badestopp einzulegen.

Ausrüstung: Feste Wanderschuhe, Sonnenschutz, Getränke und Verpflegung, evtl. Badesachen für eine Badepause.

Anfahrt mit dem Auto: Ma-10 von Valldemossa nach Banyalbufar, weiter auf der Ma-1131 nach Port de Valldemossa bis km 4.

Ausgangspunkt: km 4 auf der Ma-1131 von Valldemossa nach Port de Valldemossa
39° 43' 11" N 2° 35' 36" O

Einkehr: Diverse Gastronomie in den nahegelegenen Orten Valldemossa und Deià.
Unsere Empfehlung:
Can Costa · Carretera Deia km 70 aprox. · 07100 Valldemossa ·
Tel.: +34 9 71 / 61 22 63 ·
www.cancostavalldemossa.com,
in ländlicher Idylle offeriert das Restaurant rustikale, landestypische Speisen, Di Ruhetag.

Unsere Küstenwanderung beginnt in einer Serpentine nahe des km 4 an der Ma-1131. Dort orientieren wir uns in Richtung Nordosten, passieren ein Eisengatter und folgen dann geradewegs dem breiten Weg entlang der Küste. Dabei blickt man immer auf das Meer und die Küstenlinie.

Man lässt schließlich weitere Gatter hinter sich und kommt nach einiger Zeit in die Nähe des **Herrenhauses Sa Font Figuera** ❶. Dahinter treffen wir auf eine Weggabelung und wenden uns hier nach rechts. Dieser Weg führt uns nun um das **Anwesen S'Estaca** ❷ herum, das Ende des 19. bis Anfang des 20. Jh. von Erzherzog Ludwig Salvator, der aus dem österreichischen Herrschergeschlecht stammte, erbaut wurde. Heute ist es im Besitz des Schauspielers Michael Douglas. Kurz danach trifft man erneut an eine Verzweigung und folgt dort dem linken Weg in Richtung Caló de S'Estaca. Auf diesem Wegstück haben wir eine herrliche **Aussicht auf die Halbinsel von Sa Foradada** ❸.

Am Ende dieses Weges steigen wir schließlich zu unserer Rechten

SERRA DE TRAMUNTANA / VALLDEMOSSA

eine Treppe hinunter und erreichen so das Fischerdorf S'Estaca. Über Treppen und eine schmale Gasse kommen wir wenig später schließlich an unserem Ziel, der **Bucht von S'Estaca** ❹, an.
Dort kann man sich – umgeben von einer herrlichen Kulisse – im kühlen Nass von den Anstrengungen der Wanderung erholen. Es lohnt sich hier, den Sonnenuntergang abzuwarten. Nach der ausgiebigen Pause in der malerischen Bucht geht es auf demselben Weg schließlich wieder zu unserem Ausgangspunkt in der Serpentine zurück.

Küstenwanderung auf schmalen Wegen.

WANDERN AUF MALLORCA / TOUR 5

5 Rund um die Ermità de la Trinitat

TOURINFO KOMPAKT

Anspruch:	Länge:	Dauer:	Höhendifferenz:
leicht	2,5 km	1:00 Std.	175 m

Rund um das Mönchskloster Ermità de la Trinitat und durch die ehemaligen Landgüter von Erzherzog Ludwig Salvator von Habsburg-Lothringen führt uns diese leichte Wanderung.

Ausrüstung: Feste Wanderschuhe, Sonnenschutz.

Anfahrt mit dem Auto: Ma-10 von Valldemossa in Richtung Deià, bei km 70 am Restaurant Can Costa rechts weiter zur Ermità de la Trinitat.

Ausgangspunkt: Ermità de la Trinitat 39° 43′ 48″ N 2° 36′ 36″ O

Einkehr: Verschiedene Restaurants in den nahegelegenen Orten Valldemossa und Deià.
Unsere Empfehlung:
Valldemossa Hotel · Carretera Vieja de Valldemossa s/n · 07170 Valldemossa · www.valldemossahotelrural.com ·
Tel.: +34 9 71 / 61 26 26, gemütliches Landhotel mit À-la-carte-Restaurant, tgl. geöffnet.

Diese Tour führt uns rund um das Mönchskloster Ermità de la Trinitat und durch die ehemaligen Landgüter von Erzherzog Ludwig Salvator von Habsburg-Lothringen. Wir starten am Parkplatz hinter der **Ermità de la Trinitat** ❶ und gelangen durch eine Zaunlücke links im Gatter auf unseren Weg, auf dem wir linker Hand durch den Wald bergab wandern. Dabei folgt man den Pfeilen geradeaus, dann nach rechts, später nach links und noch zweimal rechts. In der Nähe der Küstenstraße biegt der Weg erneut rechts ab.
Bald stoßen wir auf einen Köhlerplatz, von dem eine Treppe zum **Mirador des Tudons** ❷ führt. Dort hat bereits Erzherzog Ludwig Salvator die Aussicht über den Nordwesten Mallorcas genossen.
Nach einer Pause steigt man die Treppen wieder hinunter und folgt linker Hand dem Camí des Bosc.

SERRA DE TRAMUNTANA / VALLDEMOSSA

▶ *Blick vom Mirador des Tudons auf die Halbinsel Sa Foradada.*

Dieser führt uns bis zu einem Drahtzaun. Wir biegen dort rechts auf einen schmalen Pfad ab, der uns zu einer Einsiedelei führt. Man wandert anschließend durch die Gemäuer der **Ses Ermites Velles** ❸ und erreicht linker Hand über einige Treppen ein Plateau, wo sich die Höhle Cova Busquera befindet. Dann läuft man zu einem Köhlerplatz hinunter, überquert diesen und trifft wenig später auf einen weiteren.
Von dort steigen wir im Schatten der Bäume bergab, kommen an einem **Picknickplatz** ❹ vor einer weiteren Höhle vorbei und erreichen kurz darauf wieder die Umzäunung an der Ermità. Entlang der Straße wandert man nun zum Kloster zurück.

TOURPROFIL

Leichte Runde auf breiten Wegen.

2,5 km Länge

WANDERN AUF MALLORCA / TOUR 6

6 Rund um Bunyola

TOURINFO KOMPAKT

Anspruch:	Länge:	Dauer:	Höhendifferenz:
mittel	12,3 km	4:30 Std.	730 m

Diese reizvolle Wanderung führt uns durch die Wälder rund um Bunyola und zum Gipfel des Penyal d'Honor.

Ausrüstung: Feste Sportschuhe, Sonnenschutz, Getränke und Verpflegung.

Anfahrt mit dem Auto: Ma-11 nach Bunyola.

Anfahrt mit Bus & Bahn: Mit dem Zug nach Bunyola.

Ausgangspunkt: Parkplatz im Norden von Bunyola
39° 41' 51" N 2° 41' 55" O

Einkehr: Gastronomie in Bunyola
Unsere Empfehlung:
Ses Porxeres · Carretera de Sóller 17 · 07110 Bunyola · www.sesporxeres.com · Tel.: +34 9 71 / 61 37 62, landestypische Fisch- und Fleischgerichte, Sonntagabend geschlossen, 13. Juli bis 4. Sept. auch Mo Ruhetag.

Am südwestlichen Ende des Parkplatzes nördlich des malerischen Stadtzentrums von Bunyola biegen wir links in die Carrer de Matoa ein und folgen dieser in die Stadtmitte. An der Carrer Major hält man sich links, geht bis zum Carrer d'Orient weiter und biegt dann rechts ab. Kurze Zeit später beginnt auf der linken Seite der Treppenweg Carreró de la Communa.
Auf diesem steigt man nun bergauf zur nächsten Weggabelung. Hier halten wir uns links, wandern auf dem Camí des Grau zwischen Mauern in den Wald, gehen dort immer geradeaus und passieren einen alten Kalkofen, einen Köhlerplatz sowie eine Zisterne. Kurze Zeit später lenkt uns eine Wegmarkierung nach rechts, wo wir auf einem teilweise gepflasterten Weg steil bergauf steigen. Einem etwas flacheren Stück folgen nun Serpentinen, die uns zu einem Aussichtspunkt empor führen.
Nach einer gemütlichen Pause setzen wir auf dem Camí de Grau im Schatten der Kiefern unsere Tour bis zu einem weiteren Kalkofen fort. Nun orientiert man sich links in Richtung Cas Garriguer bis zur nächsten Kreuzung und wandert dann nach rechts, um zu einem Wasserreservoir zu kommen. Anschließend zweigen wir an der nächsten Weggabelung nach links ab, wandern auf einer Forststraße entlang, bis links ein schmaler Pfad zum 808 m hohen **Penyal**

SERRA DE TRAMUNTANA / BUNYOLA v

d'Honor ❶ beginnt. Kurze Zeit später steht man auf dem felsigen Gipfel und genießt die herrliche Aussicht über die Wälder rund um Bunyola. Nach einer Pause steigen wir wieder auf demselben Pfad zur Forststraße hinunter, überqueren diese und folgen einem anfangs schmalen, dann breiteren Weg zum **Rastplatz Cas Garriguer** ❷. Am Brunnen unterhalb des Gebäudes wandern wir geradewegs auf einem Karrenweg bis zu den eindrucksvollen Höhlenhäusern von **Sa Cova** ❸. Vorbei an einer Olivenplantage erreicht man wenig später die Häuser von **Ca na Moragues** ❹. Wir bleiben weiterhin auf dem Karrenweg, der in eine Asphaltstraße mündet, kommen an einigen schönen Fincas vorbei und treffen schließlich auf die Landstraße, die uns nach Bunyola zurückbringt. Zum Ausklang der Tour lohnt sich noch eine Besichtigung der Herrenhäuser rund um die Stadt, die mit kunstvollen Gärten umgeben sind. Auch die Altstadt mit ihren schmalen Gassen und Treppenwegen ist sehr beeindruckend.

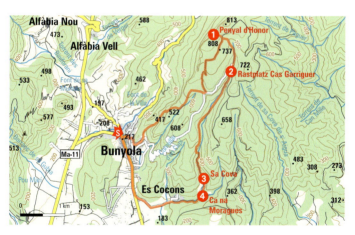

TOURPROFIL

Mittelschwere Wanderung auf gut ausgebauten historischen Pflasterwegen.

12,3 km Länge

WANDERN AUF MALLORCA / TOUR 7

7 Durch die „Schlucht von Biniaraix"

TOURINFO KOMPAKT

Anspruch:	Länge:	Dauer:	Höhendifferenz:
mittel	13,8 km	4:00 Std.	381 m

Umringt von den grandiosen Gipfeln des Tramuntana-Gebirges führt uns diese Tour durch den Barranc de Biniaraix – eine der schönsten Schluchten Mallorcas.

Ausrüstung: Feste Wanderschuhe, ausreichend Getränke und Verpflegung, Sonnenschutz.

Anfahrt mit dem Auto: Ma-11 von Palma nach Sóller, weiter mit dem Bus oder Taxi zum Embassament de Cúber.

Anfahrt mit Bus & Bahn: Mit dem Zug nach Sóller, weiter mit dem Bus oder Taxi zum Embassament de Cúber.

Ausgangspunkt: Parkplatz am Embassament de Cúber
39° 47′ 14″ N 2° 47′ 48″ O

Einkehr: Unsere Empfehlung:
S'Atic · Paseo de la Playa 15 · 07108 Sóller · Tel.: +34 9 71 / 63 81 13, gehobene mediterrane Küche, Mo Ruhetag, Nov. bis Febr. geschlossen.

Diese Tour beginnt am Embassament de Cúber, dem Cúber-Stausee. Dorthin kommt man von der Kleinstadt Sóller mit dem Linienbus oder einem Taxi. Am Parkplatz passieren wir ein Tor und folgen dann rechter Hand dem Schotterweg. Nun wandert man entlang des **Seeufers** ❶ bis zum unbewirtschafteten Refugio de Cúber, überquert dort den Torrent de l'Ofre und passiert einen Zaun. Eine Schotterstraße führt uns taleinwärts zur Finca Binimorat, an der wir nach rechts auf einen alten Pflasterweg abzweigen. Dieser schlängelt sich im Schatten von Kiefern bergauf. Wir kommen an einem Köhlerplatz vorbei und erreichen bald den 875 m hohen **Coll de l'Ofre** ❷. Von hier kann man einen Abstecher zum Portell de sa Costa machen. Dazu zweigt man am Sattel nach rechts ab und wandert über felsiges Gelände auf ein Felsplateau. Dort lässt man eine Mauer hinter sich und folgt den Steinmännchen

▶ Blick auf Biniaraix.

SERRA DE TRAMUNTANA / SÓLLER

bis zu einer weiteren Kuppe. Nun führt uns ein Pfad in Serpentinen zum **Portell de sa Costa** ❸. Von hier hat man eine herrliche Aussicht auf den Puig Major sowie auf die Orte Fornalutx und Sóller. Nach einer Pause steigt man auf derselben Strecke bergab zum Coll de l'Ofre, orientiert sich hier in Richtung Süden und wandert auf der Serpentinenpiste durch den Wald bergab. Wenig später kommen wir auf einer Höhe von 680 m ü. NN an der Finca l'Ofre an, wandern auf einem Pfad um das Gehöft herum und genießen die ersten freien Blicke in den **Barranc de Biniaraix** ❹. Hier beginnt der eindrucksvolle Teil des Pilgerwegs Camí des Barranc, der die Stadt Sóller mit dem Puig de l'Ofre verbindet. Der Weg führt uns von einem Wasserbecken zu einem meist trockenen Wasserfall und weiter in Kehren an den steilen Wänden entlang in den Talkessel der Schlucht hinunter. Dort bleiben wir auf dem gepflasterten Hauptweg. Im Schatten der Olivenbäume kommt man wenig später zur Finca Can Silles. Dahinter beginnt der engste Abschnitt der Schlucht. In Serpentinen und über zahlreiche Brücken hinweg erreichen wir das Ende des Canyons. Eine asphaltierte Straße führt uns nun durch Biniaraix und weiter nach Sóller.

TOURPROFIL

Lange Wanderung auf gut ausgebauten Wegen – auch in der Schlucht.

WANDERN AUF MALLORCA / TOUR 8

8 Zur Cala Tuent

TOURINFO KOMPAKT

Anspruch:	Länge:	Dauer:	Höhendifferenz:
mittel	10,7 km	3:30 Std.	466 m

Großartige Ausblicke entlang der Steilküste sowie traumhafte Wege durch eine wunderschöne Natur- und Kulturlandschaft sorgen hier für Abwechslung.

Ausrüstung: Feste Wanderschuhe, Sonnenschutz, Getränke und Verpflegung, evtl. Badesachen für eine Badepause.

Anfahrt mit dem Auto: Ma-11 von Palma nach Sóller, weiter über die Ma-10 in Richtung Pollença bis zum Mirador de ses Barques.

Anfahrt mit Bus & Bahn: Mit dem Bus oder dem Nostalgie-Zug nach Sóller, weiter mit dem Taxi zum Mirador de ses Barques.

Ausgangspunkt: Mirador de ses Barques
39° 47' 27" N 2° 43' 30" O

Einkehr: Unsere Empfehlung: Es Vergeret · Carretera Cala Tuent s/n · 07135 Cala Tuent · www.esvergeret.com · Tel.: +34 9 71 / 51 71 05, mallorquinische Gerichte, tgl. geöffnet, Ende Okt. bis Mitte Febr. geschlossen.

▶ *Die Finca Baltitx d'Avall.*

SERRA DE TRAMUNTANA / FORNALUTX v

▶ Ein schmaler Weg führt an der Steilküste Sa Costera entlang.

Am Parkplatz des **Mirador de ses Barques** ❶ starten wir und genießen zunächst die Aussicht auf Sóller und den Hafen. Dann orientiert man sich in nördliche Richtung und steigt sogleich auf dem ausgeschilderten Weg einige Stufen empor. Anschließend biegt man nach links ab und läuft wieder leicht bergab.

Im Schatten alter Olivenbäume wandert man nun gemächlich dahin und erreicht nach einer Weile die Finca Balitx d'Amunt. An dessen Eingang setzen wir unsere Wanderung nach rechts fort und passieren daraufhin ein Gatter. In der nächsten Linkskurve folgt man schließlich geradewegs dem alten

TOURPROFIL

Aussichtsreiche Tour auf schmalen Küstenpfaden.

WANDERN AUF MALLORCA / TOUR 8

▶ *Die Bucht Cala Tuent.*

Pflasterweg in die Nähe der Quelle von Balitx. Kurz vorher macht unsere Route jedoch einen Bogen nach links und einige Meter später wieder nach rechts. Anschließend kommen wir in der Nähe der Ruinen des Bauernhofes Balitx d'en Mig auf eine Fahrstraße. Gesäumt von alten Olivenhainen, folgt man dem Fahrweg in Richtung Nordosten bis zur nächsten Wegkreuzung.
Dort hält man sich links und biegt nach einigen Metern nach rechts in den markierten und gepflasterten Camí Vell de Balitx ein. Kurz danach erreichen wir in der Nähe der **Finca Balitx d'Avall** ❷ erneut die Fahrstraße. Diese Finca ist heute ein schönes Landhotel. Nach einer Pause bei frisch gepresstem Orangensaft und Kuchen führt uns die Straße linker Hand zum Flussbett des Torrent de na Mora. Man überquert dieses und wandert anschließend durch einen Olivenhain wieder ein Stück bergauf. Kurz danach verlassen wir diesen Weg und zweigen auf einen markierten Pfad zu unserer Rechten ab. Dieser schlängelt sich in Serpentinen nach oben bis zur Fahrstraße, der man zum 236 m hohen Coll de Biniamar folgt. Hier führt uns nun ein breiter Karrenweg im Schatten alter Steineichen bergab.
Am Ende dieses Weges beginnt rechter Hand ein gepflasterter Pfad zur Cala Tuent. Dort hat man einen atemberaubenden Blick auf die Küste. Nach knapp einer halben Stunde kommen wir an eine Kreuzung und steigen zu einem alten E-Werk und

SERRA DE TRAMUNTANA / FORNALUTX

der Font des Verger hinab. Man wandert dort geradeaus in Richtung **Coll de na Polla** ❸ und passiert dahinter die Finca Capapuig. Eine Schotterpiste führt uns nun auf eine befestigte Straße, die man wenige Meter später über Steinstufen verlässt. Schließlich gelangen wir wieder an eine Sandpiste und etwa 50 m später zu unserer Linken über Stufen zum **Restaurant Es Vergeret** ❹. Am Parkplatz des Restaurants führt ein Pflasterweg direkt zum Strand **Cala Tuent** ❺, wo die Bucht und das türkisblaue Wasser zu einem Badestopp einladen. Nachdem wir uns im kühlen Wasser von den Anstrengungen der Wanderung erholt haben, geht es mit einem Taxi zurück nach Sóller.

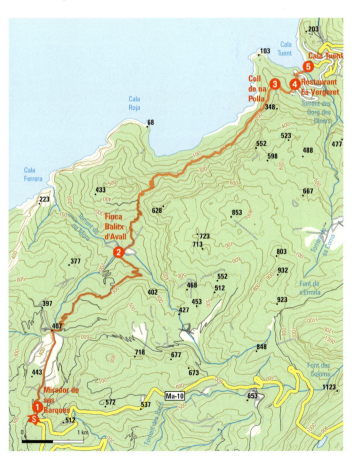

WANDERN AUF MALLORCA / TOUR 9

9 Zum Mirador Joachim Quesada

TOURINFO KOMPAKT

Anspruch:	Länge:	Dauer:	Höhendifferenz:
mittel	11,8 km	5:00 Std.	1.056 m

Bei dieser Tour führt uns der gepflasterte Pilgerweg Camí Vell auf den 965 m hohen Gipfel des Cornador Gran.

Ausrüstung: Feste Wanderschuhe, Sonnenschutz, ausreichend Verpflegung und Getränke.

Anfahrt mit dem Auto: Ma-11 nach Sóller, weiter über die Ma-2121 nach Biniaraix.

Anfahrt mit Bus & Bahn: Mit dem Taxi oder zu Fuß von Sóller nach Biniaraix.

Ausgangspunkt: Plaça de Concepció in Biniaraix
39° 46' 16" N 2° 44' 6" O

Einkehr: Diverse Einkehrmöglichkeiten in Biniaraix und Sóller.
Unsere Empfehlung:
La Vila Hotel · Plaça Constitució 14 · 07100 Sóller · www.lavilahotel.com · Tel.: +34 9 71 / 63 46 41, in der zum Hotel Vila gehörenden Snack-Bar werden traditionelle Tapas angeboten, tgl. geöffnet, Jan. bis Mitte Febr. geschlossen.

Wir folgen sogleich dem Carrer de Sant Josep und zweigen am Waschhaus rechts in den Camí de Barranc, einen historischen Pilgerweg, ab. Man lässt ein Tor links liegen und wandert in Serpentinen die Schlucht hinauf. Bei der nächsten Gabelung orientiert man sich links und biegt an einem Johannisbrotbaum nach rechts ab. Kurz darauf passieren wir ein Tor und folgen dem Pilgerweg Camí Vell bis zu einem markanten Felsen bergauf. Dort hält man sich links und kommt zu einer Steinhütte. Dahinter zweigt man an der nächsten Weggabelung nach links ab. An einer weiteren Hütte wandern wir dann nach rechts auf einen Sattel und haben dort einen herrlichen Ausblick auf Sóller. Im flachen Gelände geht man weiter bis zu einer Ruine, macht dort einen Bogen nach links und folgt einem schmalen Pfad in die Schlucht hinab. Im Schatten alter Steineichen gelangen wir an den **Aussichtspunkt Gorg de Can Catí** ❶ und wenig später wieder auf den Camí Vell. Dort hält man sich rechts und wandert bergauf. Während man die Schlucht quert, hat man einen herrlichen Blick in die Tiefe.
Wir passieren nun den **Wasserfall Salt des Cans** ❷ und biegen kurz vor einem kleinen See nach rechts in Richtung Mirador Joachim Quesada

SERRA DE TRAMUNTANA / SÓLLER

ab. Hinter der Brücke bleiben wir auf dem Hauptweg und kommen wenig später an einem Bergsattel an, wo wir links bergauf bis zum Pass zwischen den Gipfeln des Cornador Gran und des Sementer Gran wandern. Von der Steinhütte ist es nicht mehr weit auf den Gipfel des 956 m hohen Cornador Gran. Ein Pfad führt uns zum **Mirador Joachim Quesada** ❸, wo wir den herrlichen Rundblick über die zerklüftete Bergwelt sowie das Tal von Sóller genießen können. Benannt ist dieser Aussichtspunkt nach einem mallorquinischen Wanderpionier und Liebhaber der Insel. Nach einer erholsamen Pause wandert man auf demselben Weg bis zum Camí Vell zurück, passiert im Anschluss die Finca Can Silles und kommt dahinter zum spektakulärsten Abschnitt des **Barranc de Biniaraix** ❹. In den steilen Wänden des Canyons steigen wir auf Treppen bis in den Talkessel hinab. Eine Straße führt von dort wieder zurück nach Biniaraix.

TOURPROFIL

Steiler Anstieg zu Beginn der Wanderung, danach fast nur bergab.

WANDERN AUF MALLORCA / TOUR 10

10 In die Schlucht des Torrent de Pareis

TOURINFO KOMPAKT

Anspruch:	Länge:	Dauer:	Höhendifferenz:
mittel	4,7 km	1:00 Std.	15 m

An bizarr geformten Felsen, Wasserbecken und Tropfsteinhöhlen vorbei, wandern wir durch die Schlucht des Torrent de Pareis bis zu deren engsten Stelle.

Ausrüstung: Feste Wanderschuhe, Sonnenschutz, Getränke, Verpflegung und Badesachen.

Anfahrt mit dem Auto: Ma-10 von Sóller nach Lluc, hinter dem Gorg Blau-Tunnel weiter auf der Ma-2141 nach Sa Calobra.

Anfahrt mit Bus & Bahn: Mit dem Bus oder dem Boot von Port de Sóller nach Sa Calobra.

Ausgangspunkt: Sa Calobra
39° 51′ 5″ N 2° 48′ 1″ O

Einkehr: Diverse Einkehrmöglichkeiten in Sa Calobra.
Unsere Empfehlung:
La Calobra · Playa de la Calobra · 07315 Escorca · www.sacalobra.com · Tel.: +34 9 71 / 51 70 16, regionale Küche, Febr. bis Nov. tgl. geöffnet.

▶ Blick in die Schlucht bei der Font des Degotís.

SERRA DE TRAMUNTANA / SA CALOBRA

▶ *Der Schiffsanleger in Sa Calobra.*

Die abenteuerliche Wanderung durch den Canyon Torrent de Pareis startet an der **Schiffsanlegestelle** ❶ in Sa Calobra. Dort orientieren wir uns auf der Promenade in Richtung Osten und passieren bald zwei Fußgängertunnel.
So kommt man zum traumhaften Kiesstrand der Cala de sa Calobra und rechter Hand in das breite Bett des Torrent de Pareis. Hier umgehen wir einige Tümpel und nähern uns so dem **Schluchteingang** ❷. Der Torrent de Pareis ist nach der Samaria-Schlucht auf Kreta die zweitgrößte Erosionsschlucht in Südeuropa und somit ein herausragendes Naturwunder auf der Insel. 2003 wurde er zum Naturdenkmal erklärt. Bizarr geformte Felsen,

TOURPROFIL

Tour durch unwegsames Gelände mit leichten Kletterpassagen.

Wasserbecken und Tropfsteinhöhlen sind in der Schlucht zu sehen. Er beginnt am Zusammenfluss des Torrent de Lluc mit dem Torrent des Gorg Blau und überwindet einen Höhenunterschied von 180 m bis zur Mündung ins Meer.

Das erste vom Wasser geformte Steinbecken erreichen wir nach wenigen Minuten. Dieses und den sich dahinter befindenden Felsblock umrundet man linker Hand, indem man unter Steinblöcken hindurchschlüpft. Danach wandert man ein Stück durch das Bachbett und steigt über die vom Wasser bizarr geformten Steine. Hier ist Trittsicherheit erforderlich.

Nach einer Weile erreicht man erneut eine Barriere, umgeht sie linker Hand und folgt im Anschluss weiter dem Bachbett. Wenige Minuten später stoßen wir wieder auf einen Tümpel sowie auf einen riesigen Felsen dahinter, über den man rechter Hand auf die andere Seite klettern kann. Kurz darauf kommt man an einer sehr beeindruckenden Tropfsteinhöhle vorbei.

Nun erfolgt ein etwas gemächlicheres Stück im Felsenschlund, der sich zunehmend verengt. Kurze Zeit später erreicht man die von Farnen umgebene **Tropfenquelle Font des Degotís** ❸. Hier ragen die steilen Felswände etwa 150 m empor. Ein kurzes Stück hinter der Quelle ist die engste Passage des Canyons erreicht. Die Fortsetzung der Wanderung wird ab hier nur noch

▶ Mündung des Torrent de Parais ins Meer.

SERRA DE TRAMUNTANA / SA CALOBRA

erfahrenen Bergsteigern empfohlen, da teils schwierige Kletterpassagen zu überwinden sind. Wir wandern also wieder zur Schluchtmündung zurück und genießen nochmals die herrlichen Eindrücke bizarrer Felswände, Höhlen und Wasserbecken. An der **Cala de sa Calobra** ❹ erfrischen wir uns im kühlen Meer und erholen uns so von unserer Tour, bevor es wieder zurück zum Ausgangspunkt in Sa Calobra geht. Diese Wanderung in die Schlucht des Torrent de Pareis kann nur in den Sommermonaten und nach einer langen Trockenperiode durchgeführt werden, da das Schluchtbett nach Regengüssen einem Wildwasserstrom gleicht.

S'ENTREFORC

S'Entreforc (die „Zwischengabelung") wird die Stelle genannt, an der die beiden Quellflüsse Torrent le Lluc und Torrent des Gorg Blau zum Torrent de Parais zusammenfließen. Ab hier legt der Fluss noch 180 Höhenmeter durch die stellenweise nur wenige Meter breite Schlucht zurück, bis er schließlich ins Meer mündet.

Wer auf der Suche nach einem außergewöhnlichen Abenteuer ist, kann die Schlucht auch – in Escorca beginnend – komplett durchqueren. Hier sind allerdings einige teils sehr schwierige Kletterpassagen zu überwinden.

WANDERN AUF MALLORCA / TOUR 11

11 Gipfeltour auf den Massanella

TOURINFO KOMPAKT

Anspruch:	Länge:	Dauer:	Höhendifferenz:
schwer	15,9 km	6:15 Std.	1.065 m

Diese anspruchsvolle Bergtour führt uns auf den zweithöchsten Berg Mallorcas, den 1.355 m hohen Massanella.

Ausrüstung: Feste Wanderschuhe, ausreichend Getränke und Verpflegung.

Anfahrt mit dem Auto: Ma-10 von Pollença oder Sóller nach Lluc.

Anfahrt mit Bus & Bahn: Mit dem Bus von Palma, Sóller oder Pollença zum Kloster Lluc.

Ausgangspunkt: Parkplatz am Kloster Santuari de Lluc
39° 49′ 12″ N 2° 53′ 2″ O

Einkehr: Diverse Gastronomie in Lluc und den umliegenden Orten.
Unsere Empfehlung:
Es Guix · Lluc baix 1 · 07315 Escorca · www.esguix.com · Tel.: +34 9 71 / 51 70 92, das malerisch gelegene Restaurant serviert auf einer schönen Terrasse typisch mallorquinische Spezialitäten und Weine sowie saisonale Gerichte, Di Ruhetag.

▶ Das Kloster Santuari de Lluc.

Unsere Wanderung auf den zweithöchsten Berg Mallorcas startet am Klosterparkplatz in Lluc. Gegenüber des Picknickplatzes und des Restaurants Sa Font Cuberta beginnt unser Weg, auf dem man über einige Stufen in Richtung „Volta d'en Galileu" wandert.
Wir lassen ein Tor hinter uns und folgen einer gepflasterten Trasse bis zu einer Weggabelung nahe einer Quelle, biegen nach links ab, passieren eine Mauer und steigen in Serpentinen zur Ma-10 hinauf, überqueren diese und setzen schließlich die Wanderung auf dem Waldweg fort. An der nächsten Abzweigung folgt man rechter

SERRA DE TRAMUNTANA / LLUC

▶ *Kletterpartie kurz vor dem Gipfel.*

Hand dem breiteren Pfad und lässt die Urbanització de Son Massip hinter sich. Der Schneesammlerweg schlängelt sich nun einen steilen Waldhang hinauf.
Ab Mitte des 16. Jh. bis Anfang des 20. Jh. wurde in den mallorquinischen Bergen Schnee gesammelt und in den Casas de sa neu, den Schneehäusern ❶, gelagert. Der Schnee diente im Tal zur Kühlung von Lebensmittel, bis die Kälteerzeugung mit Strom entwickelt wurde. In dieser Zeit sind viele Wegbefestigungen in den Bergregionen der Insel entstanden.
Wir bleiben auf dem Schneesammlerweg, wandern durch eine

TOURPROFIL

Lange Bergtour auf schmalen Pfaden mit kurzen Kletterpassagen.

schroffe Felsflanke, erreichen eine Hochebene am Fuße des 1.181 m hohen Puig d'en Galileu und kurz danach einen Bergsattel.
Hier hält man sich rechts und wandert in Richtung des Südhanges des 1.125 m hohen **Coll des Telègraf** ❷ weiter, wo noch alte Schneehäuser stehen.
Nun geht es zunächst über einen mit Gras bewachsenen Hang und im Anschluss zwischen Felsen zum 1.205 m hohen Coll des Prat hinauf. Dort lassen wir eine Mauer hinter uns und folgen der Route westlich der Massanella-Wände. In der nächsten Rechtskurve hält man sich links und wandert geradewegs auf den Gipfel des Puig de ses Bassetes. Vor der Scharte führt uns ein schmaler Pfad nach links zur Kante der Massanella-Wände. Felsstufen bringen uns rechter Hand zu einem Gratvorsprung über dem Coll de n'Argento, wo man sich nach links orientiert und durch die steile und steinige Südwestflanke bis zum Grat hinaufsteigt. Steinmännchen begleiten uns nun über einen stufigen Bergkamm auf den 1.352 m hohen Südwestgipfel des Massanella-Massivs und zum **Hauptgipfel** ❸, auf dem sich ein Bildnis der Geburt Jesu befindet.
Auf einer Höhe von 1.361 m ü. NN genießen wir nun eine umfassende Aussicht über die einzigartige Berglandschaft sowie auf die geschwungene Küstenlinie der Insel. Wir steigen nun in östliche Richtung auf unwegsamem Gelände zum Vorgipfel hinab. Unterhalb dessen hält man sich rechts und steigt auf einem anspruchsvollen Pfad zwischen bizarren Felsen zur **Font de s'Avenc** ❹ steil bergab.
Diese Quelle befindet sich in einer Grotte und ist über eine Treppe erreichbar. Steinmännchen lotsen uns nun zwischen steilen Felsenplatten hindurch, bis wir im Schatten einiger Bäume auf einen Weg stoßen und uns ab hier in östliche Richtung orientieren. Nun führen uns Kehren

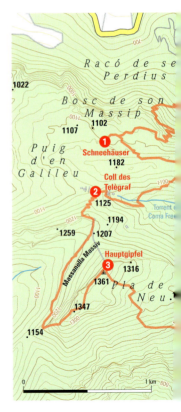

SERRA DE TRAMUNTANA / LLUC

zum 832 m hohen Coll de sa Línia hinab. Immer geradeaus wandernd, erreichen wir an einem Köhlerplatz einen Fahrweg, folgen diesem wenige Meter durch den Wald und ein Stück entlang einer Mauer bis zur Finca Coma Freda.

Von hier führt uns ein Weg bis zu einem Tor, an dem in der Regel eine Art Mautgebühr für die Erhaltung der Wanderwege zum Massanella-Massiv erhoben wird. Wenig später treffen wir auf eine Weggabelung, gehen in einem Bogen nach links, kommen kurz darauf am Brunnen Font des Guix vorbei und im Anschluss auf einer Schotterstraße zum 579 m hohen **Coll de sa Batía** ❺. Dort wandern wir nach Norden, überqueren die Ma-10 und steigen – vorbei an einem Gedenkstein – auf einer asphaltierten Straße bis zum Klosterparkplatz in Lluc hinab. Diese Tour wird nur bei gutem Wetter empfohlen. Trittsicherheit und Schwindelfreiheit werden verlangt.

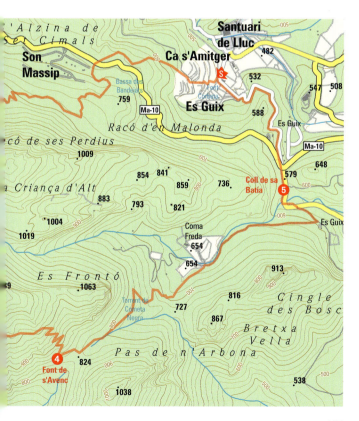

WANDERN AUF MALLORCA / TOUR 12

12 Rundwanderung um Lluc

TOURINFO KOMPAKT

Anspruch:	Länge:	Dauer:	Höhendifferenz:
mittel	13,7 km	4:15 Std.	542 m

Eichenwälder und Olivenhaine durchwandern wir bei dieser schönen Tour um das Kloster Santuari de Lluc, das im 13. Jh. gegründet wurde. Das „steinerne Kamel" und der Gipfel der Moleta de Binifaldó sind dabei die Höhepunkte, die uns auf der Wanderung erwarten.

Ausrüstung: Feste Wanderschuhe, ausreichend Getränke und Verpflegung.

Anfahrt mit dem Auto: Ma-10 von Pollença oder Sollér nach Lluc.

Anfahrt mit Bus & Bahn: Mit dem Bus von Palma über Inca nach Lluc.

Ausgangspunkt: Kloster Santuari de Lluc 39° 49' 13" N 2° 53' 4" O

Einkehr: Diverse Gastronomie in Lluc und den umliegenden Orten.
Unsere Empfehlung:
Ca s'Amitger · Plaça Peregrins 6 · 07315 Escorca · www.casamitger.es · Tel.: +34 9 71 / 51 70 46, landestypische Fleischspezialitäten und Weine, tgl. geöffnet.

Diese Tour im Norden Mallorcas führt uns durch Steineichenwälder rund um das Kloster Santuari de Lluc, eines der bedeutendsten Heiligtümer Mallorcas. Hier können wir die „Moreneta", eine schwarze

▶ Das Refugio de Binifaldó.

SERRA DE TRAMUNTANA / LLUC

▶ Das „steinerne Kamel" – eine überaus bizarre Felsformation.

Madonna, besichtigen. Am großen Kreuz auf dem Puig des Misteris hinter dem Kloster genießt man eine herrliche Aussicht über die Hügellandschaft der Serra Tramuntana. Unsere Tour startet am Klostereingang in der Nähe des Buchladens und folgt einer asphaltierten Straße in Richtung Osten.

An der Abzweigung zum Jardí Botànic de Lluc geht man geradeaus und biegt kurz vor der Zufahrtsstraße nach links ab. Am Tor halten wir uns links, passieren wenig später ein Haus und gehen im Anschluss über einen Sportplatz. Am anderen Ende des Platzes hält man sich ebenfalls links, überquert eine

TOURPROFIL

Runde auf gut ausgebauten Wegen.

WANDERN AUF MALLORCA / TOUR 12

Brücke und trifft auf bizarr geformte Felsen. Kurze Zeit später erreichen wir an einem Köhlerplatz eine Abzweigung in Richtung „Es Camel". Dahinter verbirgt sich ein Fels, der mit zwei Höckern und einem langen „Hals" an ein Kamel erinnert. Dieses „steinerne Kamel" ist eine der bekanntesten Gesteinsformationen der Insel. Auf dem Hauptweg kommt man an eine Abzweigung und biegt dort nach links zu einem Aussichtspunkt, dem **Mirador des Pixarells** ❶ ab. Nachdem wir das Panorama über die Hügel und Eichenwälder im Norden Mallorcas genossen haben, steigen wir in Serpentinen in ein Tal hinab bis zu einem Picknickplatz, der Àrea Recreativa es Pixarelles.
Parallel zur Ma-10 geht es im Anschluss zu einem weiteren Rastplatz, der **Àrea Recreativa Menut** ❷ mit einem Spielplatz. Von hier steigen wir zu einer Brücke hinunter, halten uns links und treffen dann auf einen breiteren Weg. Dort geht es rechts und an der nächsten Kreuzung links weiter. So kommt man kurz darauf zu einer Quelle mit einer kleinen Hütte. Nun halten wir uns rechts und gelangen wenig später im Schatten alter Steineichen an eine Kreuzung und setzen unsere Tour in Richtung **Refugio de Binifaldó** ❸ fort. Von dort steigt man auf einer asphaltierten Straße bergauf bis zum 650 m hohen Coll des Pedregaret, klettert über eine Mauer und wandert in Richtung „Son Amer" durch den Eichenwald weiter.

Vor dem Coll des Pedregaret machen wir noch einen Abstecher auf den 837 m hohen **Gipfel der Moleta de Binifaldó** ❹. Dabei orientieren wir uns entlang einer Mauer bergauf. Der Weg dorthin ist zum Teil sehr felsig, dafür genießt man auf dem Gipfel eine herrliche Aussicht über die Berglandschaft rund

SERRA DE TRAMUNTANA / LLUC

um Lluc. Nach einer Pause geht man denselben Weg wieder bergab und auf unserem Hauptweg weiter zum nahen 690 m hohen Coll Pelat. Hinter einer Leiter befindet sich ein Aussichtspunkt mit einem großartigen Blick auf den Puig de Massanella, den zweithöchsten Berg Mallorcas. Nun wandern wir immer den Pfad entlang in ein Tal bergab, kommen wenig später im Schatten knorriger Olivenbäume an die Ma-10, überqueren diese, halten uns dann rechts und gelangen bald zum **Refugio Son Amer** ❺.

Nun sind es nur noch wenige Minuten, bis wir das Kloster wieder erreichen.

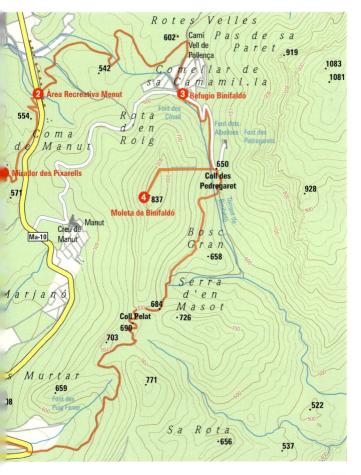

WANDERN AUF MALLORCA / TOUR 13

13 Der Klosterberg bei Pollença

TOURINFO KOMPAKT

Anspruch:	Länge:	Dauer:	Höhendifferenz:
leicht	5,1 km	2:15 Std.	427 m

Diese Tour führt auf den Hausberg von Pollença. Am Gipfel des Puig de Maria, befindet sich ein im 14. Jh. erbautes Kloster. Zwischen den alten Gemäuern hat man herrliche Ausblicke in das Tal.

Ausrüstung: Feste Wanderschuhe, Sonnenschutz, ausreichend Getränke und Verpflegung.

Anfahrt mit dem Auto: Ma-13 Richtung Alcúdia, weiter auf Ma-2200 nach Pollença.

Anfahrt mit Bus & Bahn: Mit dem Bus nach Pollença.

Ausgangspunkt: Parkplatz an der Ma-2200 bei km 52
39° 52' 23" N 3° 00' 58" O

Einkehr: Verschiedene Einkehrmöglichkeiten in Pollença.
Unsere Empfehlung:
Clivia · Via Pollentia 5 · 07460 Pollença · Tel.: +34 9 71 / 53 36 35, Restaurant direkt in der Altstadt, regionale Speisen, Mi Ruhetag.

Vom **Parkplatz** ❶ aus führt uns die Tour auf einer asphaltierten Straße in südöstliche Richtung an den Fuß des Puig de Maria. Wir passieren die letzten Häuser und wandern im Schatten alter Eichen auf einer Betonpiste steil bergauf. Kurze Zwischenstopps lohnen sich hier, um das herrliche Panorama über die Altstadt und die Bucht von Pollença zu genießen. Nach einer Weile endet unsere Straße an einem

▶ *Das Kloster Santuari de la Mare de Déu del Puig.*

SERRA DE TRAMUNTANA / POLLENÇA

gepflasterten Weg, dem man folgt. Dann orientiert man sich aber in nordöstliche Richtung zum **Aussichtspunkt Mirador del Molí Vell** ❷. Hier genießen wir einen grandiosen Ausblick über die bizarre Hügellandschaft der Halbinsel Formentor.

Kurze Zeit später kommt man an den massiven, mit Efeu und wildem Wein bewachsenen Steinmauern der kleinen **Klosteranlage Santuari de la Mare de Déu del Puig** ❸ an. Diese wurde im 14. Jh. auf dem 325 m hohen Gipfel des Puig de Maria erbaut.

Nach einem Rundgang um die alten Gebäude und der Besichtigung der Kapelle erholen wir uns im **Restaurant Ermitá Mare de Déu** ❹. Für all diejenigen, die nicht mehr absteigen möchten, stehen im ehemaligen Kloster einfache Übernachtungsmöglichkeiten zur Verfügung. Nachdem wir uns ausgeruht und die Ausblicke genossen haben, geht es auf dem Pflasterweg direkt vor dem Kloster in Richtung Westen bergab. Wenig später trifft man auf die Abzweigung zum Aussichtspunkt. Wir lassen diese hinter uns und wandern auf bekanntem Wege den Klosterberg hinunter bis zu unserem Ausgangspunkt.

TOURPROFIL

Leichte Tour auf breiten Wegen mit sanften Anstiegen.

WANDERN AUF MALLORCA / TOUR 14

14 Na Blanca und die Platja de Formentor

TOURINFO KOMPAKT

Anspruch:	Länge:	Dauer:	Höhendifferenz:
mittel	8,5 km	3:00 Std.	406 m

Ans nördlichste Ende Mallorcas führt uns diese Tour. Vom Gipfel des Na Blanca genießen wir eine herrliche Aussicht auf das Tramuntanagebirge und die Bucht von Pollença.

Ausrüstung: Feste Wanderschuhe, Sonnenschutz, ausreichend Getränke und Verpflegung.

Anfahrt mit dem Auto: Auf der Ma-2210 von Port de Pollença in Richtung Cap Formentor bis km 9.

Anfahrt mit Bus & Bahn: Mit dem Bus oder Boot zum Cap Formentor.

Ausgangspunkt: Parkplatz an der Ma-2210 bei km 9
39° 55′ 47″ N 3° 08′ 3″ O

Einkehr: Unsere Empfehlung: Barcelo Formentor · Playa de Formentor 3 · 07470 Port de Pollença · www.barcelo.com · Tel.: +34 9 71 / 89 91 00, verschiedene Restaurants im Hotel Formentor, tgl. geöffnet.

Wir wandern über die Halbinsel Formentor am nördlichsten Ende Mallorcas. Vom Parkplatz aus erreicht man in wenigen Minuten den langgezogenen Sandstrand der **Platja de Formentor** ❶ und passiert das Hotel Formentor bis zu dessen Grundstücksende. Am Club de los Poetas orientieren wir uns schließlich links und wandern landeinwärts bis zur Hotelanlage Castillo del Mar. Eine Sackgasse führt uns von dort rechter Hand bis zu einem Metalltor. Hier beginnt nun auf der linken Seite ein schmaler Pfad, der sich bis zu einem weiteren Tor steil bergauf schlängelt. Dort wandern wir nach links weiter, durchqueren im Anschluss einen Kiefernwald und erreichen nach einiger Zeit einen Bergrücken. Von hier hat man die vorgelagerte Insel Illa de Formentor im Blickfeld. Über Karstgestein besteigen wir schließlich die Gipfelpyramide des 332 m hohen **Na Blanca** ❷ und genießen das herrliche Panorama über die geschwungenen Buchten und die für die Halbinsel typische Hügellandschaft. Nun steigt man den steinigen Weg in nordöstliche Richtung – den markanten Gipfel des Fumat im Visier – auf ein Hochplateau hinunter. Von hier kann man bereits ein kleines Wasserreservoir und die noch etwas entfernter liegenden Gemäuer der Cases Velles sehen. Vom Wasserreservoir führt uns ein breiter Weg

SERRA DE TRAMUNTANA / FORMENTOR

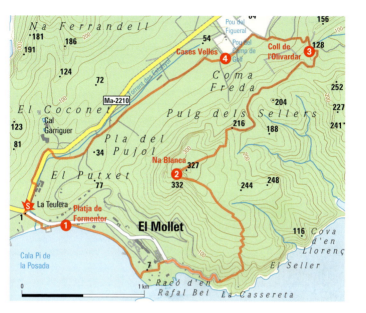

zum 128 m hohen Bergsattel **Coll de l'Olivardar** ❸.
Dort orientieren wir uns schließlich in westliche Richtung, bleiben auf dem Hauptweg und erreichen wenig später das Gehöft der **Cases Velles** ❹. Nun wandert man immer geradeaus nach Südwesten bis zu einem ehemaligen Sportplatz, der heute ein Schotterplatz ist.

Am anderen Ende des Campo de Deportes Formentor erreichen wir eine Weggabelung, halten uns hier rechts und wandern kurz darauf an einer Grotte vorbei.
Wenige Meter später teilt sich der Weg abermals, man wählt den linken Weg und kommt geradewegs direkt zum Parkplatz, unserem Ausgangspunkt, zurück.

TOURPROFIL

Gipfelbesteigung auf gut ausgebauten Wegen.

WANDERN AUF MALLORCA / TOUR 15

15 Auf alten Wegen zur Cala Murta

TOURINFO KOMPAKT

Anspruch:	Länge:	Dauer:	Höhendifferenz:
mittel	9,5 km	3:30 Std.	600 m

Auf der Halbinsel Formentor – auch „Treffpunkt der Winde" genannt – erleben wir einzigartige Felsformationen und paradiesische Buchten sowie die Cala Murta.

Ausrüstung: Feste Wanderschuhe, Getränke, Verpflegung, Taschenlampe.

Anfahrt mit dem Auto: Von Port de Pollença auf der Ma-2210 Richtung Cap de Formentor bis zu km 13.

Ausgangspunkt: Parkplatz an der Nähe der Cases de Cala Murta
39° 56' 58" N 3° 10' 16" O

Einkehr: Einkehrmöglichkeiten in Port de Pollença.
Unsere Empfehlung:
Galeon · Passeig Londres 84–86 · 07470 Port de Pollença · Tel.: +34 9 71 / 86 80 55, bei herrlichem Ausblick auf das Meer werden vielfältige Fischgerichte serviert, tgl. geöffnet.

Vom Parkplatz gehen wir ein Stück auf der Asphaltstraße in Richtung Cap de Formentor und durchqueren dann den etwa 250 m langen Tunnel. Etwa 400 m hinter dem Tunnel biegt man an einer Wegmarkierung und Steinmännchen von der Teerstraße nach rechts ab. Kurz darauf kommt man auf den Camí Vell del Far. Diese Trasse wurde im 19. Jh. zum Leuchtturm am Cap de Formentor gebaut. Hier halten wir uns rechts und kommen so auf den **Coll de la Creu** ❶ in 242 m Höhe. Nun verlässt man den Leuchtturmweg und folgt den Steinmännchen auf den 334 m hohen **El Fumat** ❷, der unter Kletterern sehr beliebt ist. Auf dem Gipfel genießt man die fantastischen Ausblicke über die Ausläufer der Serra Tramuntana und die traumhaften Buchten. Zum Strand Cala Murta gehen wir nun ein Stück auf dem Aufstiegsweg bergab. An der Markierung biegt man nach rechts ab und steigt über Felsplatten in südöstliche Richtung

▶ Das Refugio Son Amer.

SERRA DE TRAMUNTANA / FORMENTOR V

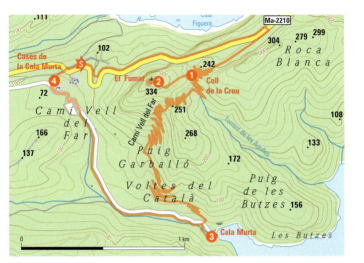

bis zum Camí Vell del Far hinab. Dort wenden wir uns nach rechts und wandern zu einem Bergrücken unterhalb des Puig Garballó. Am Steinmännchen hält man sich links und wandert über Serpentinen einen grasbewachsenen Hügel in Richtung Cala Murta hinunter. An einem Ferienhaus biegt man nach rechts ab, um eine steile Straße zu erreichen. Auf dieser gehen wir links zum **Steinstrand Cala Murta** ❸, wo uns das türkisblaue Wasser zum Baden einlädt. Vom Strand aus schlängelt sich nun ein Schotterweg zurück in Richtung Cases de la Cala Murta. Immer geradeaus erreichen wir einen Picknickplatz. Von dort aus führt uns eine asphaltierte Piste durch ein bewaldetes Tal leicht bergauf. An der Formentorstraße biegen wir rechts ab und kommen kurze Zeit später zu unserem Ausgangspunkt, dem Parkplatz in der Nähe der **Cases de la Cala Murta** ❹ zurück.

TOURPROFIL

Auf und Ab auf alten Pflasterwegen und schmalen Pfaden.

WANDERN AUF MALLORCA / TOUR 16

16 Parc Natural de la Península

TOURINFO KOMPAKT

Anspruch:	Länge:	Dauer:	Höhendifferenz:
schwer	19,7 km	6:00 Std.	671 m

Wanderung durch den vielfältigen Parc Natural de la Península im Nordosten Mallorcas. Man findet hier karge Hügel, schroffe Felsen und einsame Sandstrände.

Ausrüstung: Feste Wanderschuhe, Getränke, Verpflegung und Badesachen.

Anfahrt mit dem Auto: Ma-15 nach Artà, über die Carrer de Ciudat in Richtung Norden, weiter auf der Ma-33 in nördliche Richtung 6 km bis zum Wanderparkplatz S'Alqueria Vella.

Ausgangspunkt: Wanderparkplatz S'Alqueria Vella
39° 44' 11" N 3° 20' 6" O

Einkehr: Mehrere Restaurants in Artà. Unsere Empfehlung:
Finca es Serral · Afueras s/n · 07570 Artà · Tel.: +34 9 71 / 83 53 36, Inselküche, Mo Ruhetag.

Man startet auf dem Sträßlein in Richtung Nordosten, läuft einen Hang entlang und passiert dann die **Ruinen des Campament des Soldats** ❶, die noch aus der Zeit des Spanischen Bürgerkrieges 1933–39 stammen. Serpentinen bringen uns bergauf, wo wir die Ausblicke auf den 562 m hohen Talaia Freda de Morei und auf die geschwungenen Buchten von Alcúdia und Pollença genießen. Nun lässt man die Abzweigung des Camí des Esquena Llarga hinter sich und trifft wenig später auf eine zweite Weggabelung. Hier orientiert man sich links und erreicht nach einiger Zeit auf einer Höhe von 442 m den **Gipfel des Puig de sa Tudossa** ❷, dessen Antennen man schon von Weitem sehen konnte. Wir steigen nach einer Pause dieselbe Route hinab und kommen wieder an die Weggabelung. Jetzt hält man sich links und biegt wenig später rechts in den Camí den Mondoi ein. Steinmännchen führen uns zu einer Ebene, die Pla de ses Bitles, und weiter gerade-

▶ *Platja de s'Arenalet.*

LLEVANT / ARTÀ

aus an die Küste. An der Wanderherberge **Refugio s'Arenalet des Verger** ❸ warnen uns Informationstafeln vor den dortigen gefährlichen Strömungen, deshalb verlegen wir unseren Badestopp an die etwa zehn Minuten entfernte **Platja de sa Font Celada** ❹. Weißer Sandstrand und türkisblaues Wasser lassen uns die Anstrengungen der Wanderung vergessen. Nach der Pause führt uns ein sandiger Pfad an das südliche Ende der Bucht, ab hier bringt uns ein Weg ins Landesinnere. Nach etwa 1,5 km erreicht man eine T-Kreuzung und biegt dort nach rechts ab. Nach weiteren 1,4 km verlassen wir den Hauptweg nach rechts und steigen in ein Tal zu einem Flussbett hinab. Dort führt uns ein Landweg linker Hand durch einen Kiefernwald, vorbei an der Ruine Es Verger auf den gleichnamigen Sattel zu. Dieser 325 m hohe **Coll des Verger** ❺ befindet sich zwischen den beiden Gipfeln Puig des Corb und Puig Guillem. Knorrige Oliven- und Johannisbrotbäume säumen unseren Feldweg bergab bis zu unserem Ausgangspunkt.

TOURPROFIL

Längere Tour mit langen An- und Abstiegen auf schmalen Wegen.

WANDERN AUF MALLORCA / TOUR 17

17 Zum Torre d'Albarca

TOURINFO KOMPAKT

Anspruch:	Länge:	Dauer:	Höhendifferenz:
leicht	8,7 km	2:30 Std.	235 m

Im Nordosten Mallorcas führt uns diese Tour auf steinigen Wegen zum Wachturm am Torre d'Albarca. Wir genießen dort die herrlichen Ausblicke über die bizarre Felsenküste und können uns anschließend an der einsamen Platja de sa Font Celada erholen.

Ausrüstung: Feste Wanderschuhe, Getränke, Verpflegung und Badesachen.

Anfahrt mit dem Auto: Ma-15 von Manacor nach Artà, von dort weiter in Richtung Capdepera. An der Tankstelle links in Richtung Cala Torta und immer geradeaus bis zu einem Kreisverkehr. Hier halten wir uns rechts und gelangen über eine unbefestigte Piste zur Cala Estreta.

Ausgangspunkt: Parkplatz an der Cala Estreta
39° 45′ 15″ N 3° 24′ 44″ O

Einkehr: Diverse Gastronomiebetriebe in Capdepera.
Unsere Empfehlung:
Cassandra · Carrer Ciutat 14 · 07580 Capdepera · Tel.: +34 9 71 / 56 54 34, das nette, familiäre Restaurant offeriert kreative mallorquinische Speisen, Do Ruhetag.

Unsere Tour zum Torre d'Albarca beginnt am **Parkplatz an der Cala Estreta** ❶. Von dort steigen wir zunächst zum Strand hinab. Am nördlichen Ende der Bucht führt uns ein Weg über die Felsen steil bergauf. Hier oben hat man einen herrlichen Ausblick über die felsige

▶ *Blick auf die Torre d'Albarca.*

LLEVANT / ARTÀ

Brandung und auf die Hügellandschaft im Landesinneren. An zwei kleinen steinigen Buchten mit türkisblauem Wasser vorbei, geht es entlang der Küste zum **Sandstrand Es Matzoc** ❷. Diesen überqueren wir, ein schmaler Pfad führt uns anschließend über den Felsrücken nach oben.

Wenig später kommt man auf dem 67 m hohen Gipfel des Torre d'Albarca an. Zwischen den eindrucksvoll vom Wind geformten Kiefern steht ein alter **Wachturm** ❸, der zum Schutz vor Piraten erbaut wurde. Wenige Meter vom Turm entfernt, biegt man an der Weggabelung nach rechts ab und wandert an der von der Erosion gezeichneten, vegetationsarmen Steilküste entlang in Richtung **Platja de sa Font Celada** ❹. Dort lohnt es sich, eine kleine Pause einzulegen, denn im klaren Wasser können wir die Anstrengung der bisherigen Wanderung schnell vergessen. Danach wandert man über die Sandbank in Richtung Süden. Am Ende der Bucht trifft man wieder auf einen breiteren Weg, der uns ein Stück ins Landesinnere bringt. Wenige Minuten nachdem wir einen Steinhaufen passiert haben, kreuzen sich die Wege. Wir halten uns links und erreichen so wieder den Wachturm am Torre d'Albarca. Zurück kommt man auf bereits bekanntem Wege.

TOURPROFIL

Kurze Wanderung auf steinigen Wegen.

8,7 km Länge

RADWANDERN AUF MALLORCA / TOUR 1

1 Von Sant Elm zum Kloster La Trapa

TOURINFO KOMPAKT			
Anspruch: mittel	Länge: 9,7 km	Dauer: 3:30 Std.	Höhendifferenz: 506 m

Diese aussichtsreiche Mountainbiketour führt uns im Westen Mallorcas auf alten, zum Teil steilen Pilgerwegen von Sant Elm zum ehemaligen Kloster La Trapa.

Ausrüstung: Mountainbike, Fahrradhelm bei Schotterstrecken und abschüssigen Abschnitten empfehlenswert.

Anfahrt mit dem Auto: Ma-1 oder Ma-10 nach Andratx, weiter über s'Arracó nach Sant Elm.

Anfahrt mit Bus & Bahn: Mit dem Bus nach Sant Elm.

Ausgangspunkt: Strand S'Algar in Sant Elm
39° 34' 58'' N 2° 20' 56'' O

Einkehr: Diverse Restaurants in Sant Elm. Unsere Empfehlung:
El Pescador · Avenida Jaume I. 48 · 07159 Sant Elm · Tel.: +34 9 71 / 23 91 98, neben Fisch und Meeresfrüchten bietet das Restaurant schöne Panoramablicke, tgl. geöffnet.

▶ *Aussichtspunkt nahe der Klosterruine.*

Wir starten diese Mountainbiketour zum Kloster La Trapa an der Bucht S'Algar in Sant Elm. An deren südlichem Ende radeln wir sogleich auf dem Camino de Trapa in Richtung Nordosten.

Diese asphaltierte Straße geht wenig später in einen Schotterweg über, auf dem wir im Schatten alter Kiefern leicht bergauf fahren. Kurze Zeit später kommen wir an der **Finca Can Tomeví** ❶ vorbei, lassen diese rechts liegen und fahren an der Kreuzung hinter dem Haus geradeaus. Nach wenigen Minuten kommen wir erneut an eine Weggabelung, queren diese geradewegs und folgen dem Weg nun steiler

SERRA DE TRAMUNTANA / SANT ELM VI

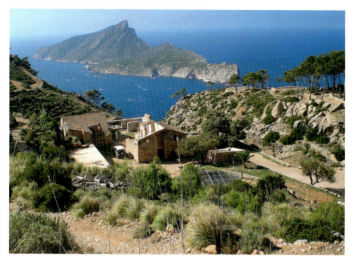

▶ *Blick auf das Kloster und Sa Dragonera.*

bergauf bis zu einer Ruine. Hier zweigen wir nach rechts ab und ignorieren anschließend jegliche Abzweigungen. Unser Weg schlängelt sich schließlich – vorbei an einigen Felsen – in Kehren bergauf und erreicht später eine Lichtung, von der man eine herrliche Aussicht auf die Insel Sa Dragonera hat. Vorbei an Zwergpalmen treten und/oder schieben wir zunächst den Hang empor und radeln dann parallel zu den Felsen auf dem schmalen Steig weiter. Nun sieht man auf den Torre de Cala Embasset hinab – einen Wachturm, der im 16. Jh. zum Schutz vor Piraten erbaut wurde. Nach einer Weile wird das Gelände unwegsamer, wir schieben unser Rad von Steinpyramide zu Steinpyramide über die Felsen bis zu einem steil abfallenden Abgrund. Kurz davor orientieren wir uns nach rechts, biegen oberhalb eines Durchlasses

TOURPROFIL

Flussfahrt mit knackigen Anstiegen.

VI RADWANDERN AUF MALLORCA / TOUR 1

erneut nach rechts ab und folgen dann schließlich dem Weg zu unserer Linken bergauf. An einer Mauer wenden wir uns nach links, ehe es anschließend auf einen Felsrücken hinauf geht. Von hier können wir bereits die alten Gemäuer des **Klosters La Trapa** ❷ sehen, das von alten landwirtschaftlich genutzten Terrassen umgeben ist. Ein schmaler Schotterweg führt uns hinab. Dieses Kloster wurde ursprünglich von einem Trappistenorden bewohnt. Vom Kloster führt ein schmaler Pfad zu einem Aussichtspunkt. Dort fällt das Kliff senkrecht ab und man hat einen herrlichen Blick zur türkisblauen Bucht Cala en Basset. Nach einer Pause radeln wir zum Kloster zurück und folgen dem steilen Fahrweg zum **Coll de ses Ànimes** ❸ hinauf. Von der 370 m hohen Passhöhe rollen wir anschließend in Kehren wieder bergab und kommen bald an einer Finca vorbei. Von Feigenbäumen gesäumt, erreichen wir kurz hinter dem Gehöft eine Weggabelung und radeln geradewegs auf dem Carrer de Moreras weiter.

Etwa 1 km später treffen wir erneut auf eine Verzweigung, diesmal halten wir uns rechts und folgen zunächst dem Camino de Can Bolei, später der Carrera de Sant Telm sowie der Carrera de s'Arraco in westliche Richtung bis nach Sant Elm. Dort orientieren wir uns an der Küste nach Norden und kommen so wieder an unseren Ausgangspunkt an der Bucht S'Algar zurück.

SERRA DE TRAMUNTANA / SANT ELM VI

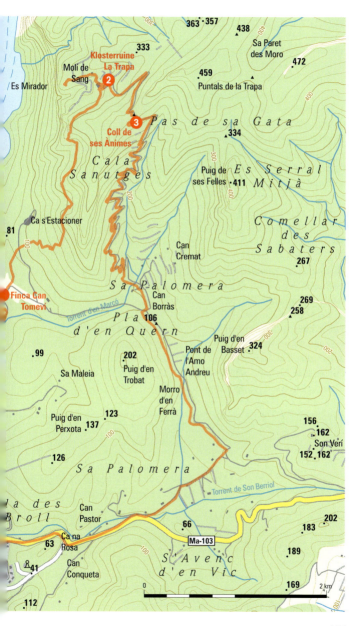

RADWANDERN AUF MALLORCA / TOUR 2

MTB 2 Von Peguera ans Cap de Cala Figuera

TOURINFO KOMPAKT

Anspruch:	Länge:	Dauer:	Höhendifferenz:
mittel	50,9 km	5:00 Std.	658 m

Diese längere Mountainbiketour führt uns meist auf breiten Wegen von Peguera nach Calvià und von dort zum Cap de la Cala Figuera im Südwesten der Insel.

Ausrüstung: Fahrradhelm, ausreichend Getränke, Mountainbike, evtl. Badesachen.

Anfahrt mit dem Auto: Ma-10 bis Peguera.

Anfahrt mit Bus & Bahn: Mit dem Bus nach Peguera.

Ausgangspunkt: Kreuzung Avinguda del Bulevar und Carrer de Capdellà in Peguera 39° 32' 16'' N 2° 27' 10'' O

Einkehr: Unsere Empfehlung: Es Fasset · Carrer Eucaliptus 5 · 07160 Peguera · Tel.: +34 9 71 / 68 71 71, Pizza, Pasta und spanische Tapas, tgl. geöffnet.

Wir starten diese Mountainbiketour in Peguera im Südwesten der Baleareninsel Mallorca. Von der Flaniermeile Avenida del Bulevar de Peguera biegen wir in die Carrer de Capdellà ein und verlassen so den Ort in Richtung Nordosten. Wir passieren dreimal hintereinander einen Kreisverkehr, an denen wir uns jeweils geradeaus halten. Etwa 2,4 km

▶ *Leuchtturm am Cap de Cala Figuera.*

SERRA DE TRAMUNTANA / PEGUERA VI

▶ *Türkisblaues Wasser an den Portals Vells.*

hinter dem dritten Kreisel verlassen wir die Fahrstraße und biegen nach links in die Carrer de Vall Verda ab. Weitere 1,5 km später zweigt unser Weg schließlich nach rechts in den Schotterweg ab und wir radeln nun in nordöstliche Richtung durch Wald und über Felder. Wir bleiben stets auf dem Hauptweg und kommen anschließend auf der Carrer de Coll d'en Esteva in die Ortschaft Es Capdellà. An der folgenden Kreuzung radeln wir geradewegs auf die Carrer Major zu und halten uns wenig später an der Avinguda de Calvià links. Auf der asphaltierten Straße fahren wir nun bis nach Calvià. Dort orientieren wir uns auf dem Carrer de Mayor nach Osten, kommen an der imposanten **Kirche Sant Joan Baptista** ❶ vorbei und verlassen das Gemeindegebiet geradewegs auf der Carretera dels Establiments. Vor der nächsten Rechtskehre

TOURPROFIL

Asphaltierte Straßen und schattige Waldabschnitte.

— 50,9 km Länge

VI RADWANDERN AUF MALLORCA / TOUR 2

verlassen wir die Asphaltstraße nach rechts. Nun geht es auf dem unbefestigten Camí de Son Boronat südwärts, bis wir erneut auf die Fahrstraße treffen. Diese führt uns im Anschluss linker Hand bis in den Küstenort Palmanova. Direkt am **Strand** ❷ biegen wir nach rechts ab, radeln zunächst auf der Uferstraße und erreichen dann Magaluf und kurz darauf Badia de Palma. Dort folgen wir der Avinguda del Notari Alemany, dann dem Carrer de la Badia de Palma und dem Carrer de La Rosa in Richtung Süden nach Sol de Mallorca, Punta de s'Estaca und zu den traumhaften Stränden von **Portals Vells** ❸. Hier lohnt sich ein Badestopp im türkisblauen Wasser. Wir umrunden anschließend die südlichste Bucht von Portals Vells und zweigen danach rechts ab. Durch lichten, mediterranen Wald geht es nun bis zur nächsten Kreuzung. Hier machen wir einen Abstecher nach links und gelangen so zum **Leuchtturm am Cap da Cala Figuera** ❹, an dem wir herrliche Ausblicke auf das Meer genießen. Nach einer Rast geht es bis zur letzten Kreuzung zurück, an der wir nun nicht nach rechts abbiegen, sondern uns geradeaus halten. Dabei orientieren wir uns stets in Richtung Norden und treffen bald wieder auf eine Fahrstraße, die uns linker Hand in die Ortschaft Santa Ponça bringt. Von dort geht es stets möglichst am Ufer entlang in Richtung Norden, bis wir wieder unseren Ausgangspunkt in Peguera erreichen.

SERRA DE TRAMUNTANA / PEGUERA

VI RADWANDERN AUF MALLORCA / TOUR 3

MTB 3 Von Esporles über Banyalbufar nach Port des Canonge

TOURINFO KOMPAKT

Anspruch:	Länge:	Dauer:	Höhendifferenz:
mittel	18,7 km	3:15 Std.	789 m

Diese abwechslungsreiche Mountainbiketour führt uns auf historischen Pflasterwegen und schmalen Küstenpfaden von Esporles nach Banyalbufar und weiter nach Port des Canonge.

Ausrüstung: Fahrradhelm, ausreichend Getränke und Verpflegung, Mountainbike, evtl. Badesachen.

Anfahrt mit dem Auto: Ma-1040 von Palma nach Esporles, weiter auf der Ma-1100 zum Museum La Granja.

Anfahrt mit Bus & Bahn: Mit dem Bus Palma-Estellenc nach Esporles.

Ausgangspunkt: Museum La Granja in der Nähe von Esporles
39° 40' 12'' N 2° 33' 39'' O

Einkehr: Verschiedene Restaurants in Banyalbufar oder Esporles.
Unsere Empfehlung:
Son Tomas · Carrer Baronia 17 · 07191 Banyalbufar · Tel.: +34 9 71 / 61 81 49, mallorquinische Speisen, Di Ruhetag.

Wir starten diese landschaftlich reizvolle Mountainbiketour am Museums-Landgut La Granja nordwestlich von Esporles, einer Ortschaft inmitten der Serra Tramuntana. Wer das Museum besucht, bekommt einen Eindruck, wie sich früher das ländliche Leben auf Mallorca abspielte.
Am Museumsparkplatz orientieren wir uns sogleich an der Fahrstraße in Richtung Banyalbufar, die wir etwa 200 m später nach links verlassen. Nun folgen wir einem schmalen Pfad, der sich durch das Gebiet Es Garrover Cremat schlängelt und bald auf einen alten aufgemauerten Pflasterweg trifft. Dieser war früher die einzige Verbindung zwischen Esporles und Banyalbufar und trägt daher den Namen Camí des Correu, Postweg. Der Postweg führt uns im Schatten alter Olivenbäume rechter Hand zu einer Mauer hinauf, wo wir ein Tor passieren und uns dann im dichten Steineichenwald rechts halten. Steinmännchen begleiten uns nun für ein kurzes Stück – hier müssen wir stellenweise schieben – bevor wir wieder auf einen deutlich sichtbaren Weg treffen. Auf diesem radeln wir an den alten Gemäuern eines Kalkofens vorbei und orientieren uns schließlich entlang einer alten Mauer. Kurz darauf kreuzen wir einen Weg und fahren geradewegs neben einer Mauer

SERRA DE TRAMUNTANA / ESPORLES VI

weiterhin bergauf. An der nächsten Weggabelung zweigen wir auf den gepflasterten Weg nach links ab, der uns in Kehren zu einer Anhöhe hinaufbringt. Dort passieren wir erneut eine Mauer und radeln dahinter im Schatten der Steineichen – an Felsblöcken vorbei – hinab. Hinter den Köhlerplätzen halten wir uns links, überqueren etwas später eine Fahrstraße und setzen die Tour auf ebener Fläche fort. Nachdem wir erneut an Köhlerstätten sowie einem Kalkofen vorbeigekommen sind, erreichen wir den 450 m ü. NN hohen **Coll de Pi** ❶ und genießen von hier aus eine herrliche Aussicht auf den Puig de s'Atalaia Vella und die Punta de sa Forada. Am Fuße des Planicia und des Puig de s'Argenter führt uns nun der Pflasterweg zu den Terrassengärten bergab. Nirgendwo auf Mallorca zeigt sich die Kunst der Bewässerung zu landwirtschaftlichen Zwecken so deutlich wie hier: Zum einen bremsen Trockenmauern den Wasserlauf, zum anderen sammeln Wasserbecken überschüssiges Wasser. Die Wasserleitungen, die das Wasser aus den Bergen herabführen, stammen größtenteils noch aus arabischer Zeit. Kurz vor den Gärten treffen wir auf eine asphaltierte Straße, die uns durch die Terrassen in das malerische Dorf Banyalbufar führt. Dort biegen wir an der Calla Marina nach rechts ab und folgen ihr etwa 1,5 km bis zu einem Wanderparkplatz.

▶ Blick auf die Küste von Tramuntana.

Dort beginnt der Camí de sa Volta des General, dem wir zunächst bis zu einem Haus folgen. Hinter die-

TOURPROFIL

Mountainbikerunde auf kleinen Asphaltstraßen und Radwegen.

— 18,7 km Länge

sem biegen wir nicht nach links ab, denn dieser Weg führt nach Banyalbufar, sondern radeln geradewegs in den Kiefernwald hinein. An der nächsten Weggabelung nehmen wir den linken Weg und biegen schließlich an der Abzweigung hinter dem Durchlass nach rechts ab. Nun geht es auf einem Waldpfad ein Stück relativ eben dahin.

An der nächsten Weggabelung halten wir uns links und fahren nun etwas steiler bergab. Kurz darauf kommen wir zuerst an den alten Gemäuern eines ehemaligen Kalkofens, dann an einem Köhlerplatz vorbei. Wir bleiben weiterhin auf dem Hauptweg. Kurze Zeit später können wir bereits das Meer sehen, das hier durch den starken Wind meist sehr aufgewühlt ist und hohe Wellen schlägt. Nun führt unser Weg an großen Felsblöcken und schließlich an einer, zu unserer Rechten, senkrecht aufragenden imposanten Felswand des **Puig de ses Planes** ❷ vorbei.

Kurz darauf sehen wir auf die bizarr geformten Küstenfelsen und auf die Felszunge Punta s'Àguila hinab. Schließlich passieren wir ein Haus und kommen kurz danach an eine Kreuzung. Nun geht es auf dem etwas breiteren Weg nach links weiter. Hinter der Rechtskurve radeln wir schließlich an der Kreuzung auf dem linken Weg bergab und können bereits hier die Finca Son Bunyola und die ersten Häuser von Port des Canonge sehen. Unser Weg schlängelt sich anschließend durch lichten Kiefernwald bis zum Kiesstrand der **Platja de Son Bunyola** ❸. Dort können wir bei ruhiger See den ersten Badestopp einlegen. Auf der anderen Seite des Bachbetts führt nun ein zum Teil unwegsamer Pfad – vorbei an den Bootshütten – durch mediterranes Gebüsch zu einem Felsplateau hinauf, auf dem wir in östliche Richtung weiterfahren. Schließlich durchqueren wir ein kleines Tal, erreichen dann erneut

SERRA DE TRAMUNTANA / ESPORLES VI

eine freie Fläche und passieren auf der anderen Seite einen Durchlass an einer Wandertafel. Nun sind wir nicht mehr weit von dem mit Bootshütten gesäumten Strand des Fischerdorfes **Port des Canonge** ❹ entfernt. Dort genießen wir die Ruhe in der verträumten Bucht. Nach einer Pause geht es zur Avenida del Mar hinauf. Dort fahren wir wenige Meter nach links, ehe wir nach rechts in die Carrer des Port des Canonge abbiegen und auf dieser das kleine Fischerdorf in südliche Richtung verlassen. An der nächsten großen Kreuzung folgen wir der Linkskehre und anschließend den Serpentinen steil bergauf. An der nächsten Weggabelung bleiben wir geradeaus und treffen nach etwa 2 km erneut auf eine Fahrstraße, die uns nach links zurück zum Museum La Granja, unserem Ausgangspunkt, führt.

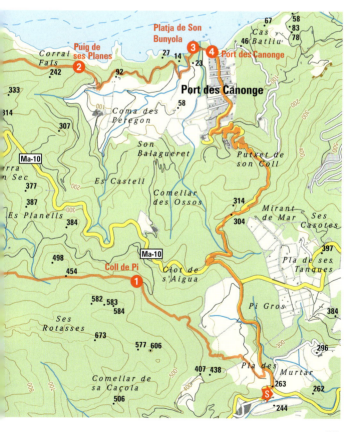

VI RADWANDERN AUF MALLORCA / TOUR 4

4 Downhill durch den Barranc de Biniaraix nach Sóller

TOURINFO KOMPAKT

Anspruch:	Länge:	Dauer:	Höhendifferenz:
schwer	30,7 km	5:00 Std.	1.237 m

Diese abwechslungsreiche Mountainbiketour hat alles zu bieten: sanfte Anstiege umgeben von einer großartigen Landschaft, herrliche Aussichten auf die Küstenlinie und einen traumhaften Downhill zum Abschluss.

Ausrüstung: Fahrradhelm, genügend Getränke und Verpflegung, Mountainbike.

Anfahrt mit dem Auto: Ma-11 von Palma nach Sóller.

Anfahrt mit Bus & Bahn: Mit dem Zug von Palma nach Sóller.

Ausgangspunkt: Bahnhof in Sóller 39° 45' 56'' N 2° 42' 53'' O

Einkehr: Verschiedene Restaurants in Sóller.
Unsere Empfehlung:
Es Canyis · Passeig Platja d'en Repic 21 · 07108 Sóller · Tel.: +34 9 71 / 63 14 06 · www.escanyis.com, Fischspezialitäten, Mo Ruhetag.

Startpunkt dieser Mountainbiketour ist am Bahnhof in Sóller. Wir orientieren uns in nördliche Richtung und folgen der Carrer de Vive bis zu deren Ende. Dort biegen wir nach rechts in die Carrer de Palou ab und radeln anschließend auf der Avinguda d'Astúries nach links. Beim Torrent de Fornalutx halten wir uns rechts, fahren am **Sportplatz** ❶ vorbei und biegen dann linker Hand in den Camí de Ses Moncades ein. Wenige Meter später geht es nach rechts weiter und unsere Route beschreibt daraufhin einen Bogen nach links. Auf dem Camino Capelleta radeln wir nun in zahlreichen Serpentinen bergauf. Wir bleiben stets auf dem Hauptweg, queren nach einer Weile die Fahrstraße Ma-10 und folgen weiterhin unserem teilweise gepflasterten Weg bergauf. So erreichen wir nach einer Weile den Aussichtspunkt **Mirador de ses**

▶ *Aussicht auf Port de Sóller.*

SERRA DE TRAMUNTANA / SÓLLER VI

▶ *Am Bahnhof in Sóller.*

Barques ❷. Hier genießen wir großartige Blicke auf Sollér, Port de Sóller und die geschwungene Küstenlinie. Im Anschluss geht es auf der asphaltierten Straße (Ma-10) linker Hand in gemäßigter Steigung bergauf. Nachdem wir einen Tunnel passiert haben, sind wir nicht mehr weit vom Embassement de Cúber, dem Cúber-Stausee, entfernt. Am Parkplatz passieren wir ein Tor und folgen dann zu unserer Rechten dem Schotterweg. Nun geht es entlang des **Seeufers** ❸ bis zum unbewirtschafteten Refugi de Cúber. Dort überqueren wir den Torrent de Binimorat und passieren anschließend ein Tor. Eine Schotterstraße führt uns taleinwärts zur Finca Binimorat, an der wir nach rechts auf einen alten Pflasterweg abbiegen. Dieser schlängelt sich im Schatten von Kiefern entlang des Torrent de Binimorat bergauf. Wir kommen an einem Köhlerplatz vorbei und erreichen nach einer Weile den 875 m ü.NN hohen **Coll de l'Ofre** ❹. In südliche Richtung radeln wir auf der Serpentinenpiste nun durch den Wald bergab. Wenig später kommen wir auf einer Höhe

TOURPROFIL

Anspruchsvolle Tour mit steilen Anstiegen.

VI RADWANDERN AUF MALLORCA / TOUR 4

von 680 m ü. NN an der Finca l'Ofre an, umrunden das Gehöft auf einem Pfad und genießen dann die ersten freien Blicke in die Schlucht Barranc de Biniaraix. Hier beginnt nun der eindrucksvolle Teil des Pilgerwegs Camí des Barranc, der die Stadt Sóller mit dem Puig de l'Ofre verbindet, und damit auch unser Downhill. Der Weg führt uns von einem Wasserbecken zu einem meist ausgetrockneten Wasserfall, dem **Salt des Cans** ❺, und weiter in Kehren an den steilen Wänden entlang in den Talkessel der **Schlucht Barranc de Biniaraix** ❻ hinunter.

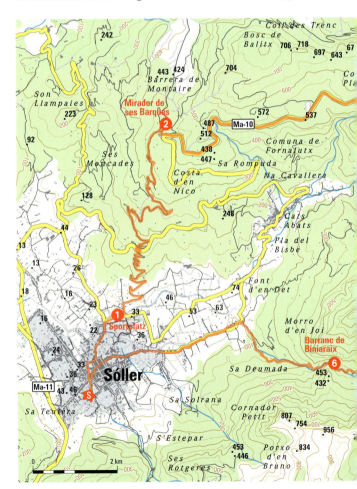

SERRA DE TRAMUNTANA / SÓLLER VI

Dieser technisch anspruchsvolle Singletrail ist teilweise sehr verblockt und zwingt uns abzusteigen – der Fahrspaß ist jedoch enorm! Wir bleiben hierbei stets auf dem gepflasterten Hauptweg. Im Schatten der Olivenbäume kommen wir wenig später an der Finca Can Silles vorbei. Dahinter beginnt der engste Abschnitt der Schlucht. In Serpentinen und über zahlreiche Brücken hinweg erreichen wir schließlich das Ende des Canyons. Eine asphaltierte Straße führt uns nun durch die Ortschaft Biniaraix und weiter nach Sóller und zum Bahnhof zurück.

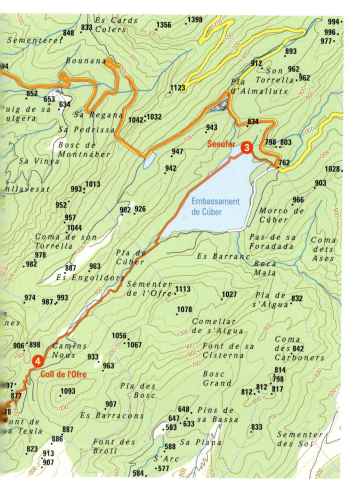

RADWANDERN AUF MALLORCA / TOUR 5

5 Rund um Llucmajor

TOURINFO KOMPAKT

Anspruch:	Länge:	Dauer:	Höhendifferenz:
mittel	53,2 km	2:00 Std.	290 m

Diese Rennradtour führt uns vorbei an Mandelbäumen durch die herrliche Insellandschaft, während die Felsenküste Ausblicke auf die Insel Cabrera und zahlreiche Buchten bietet.

Ausrüstung: Fahrradhelm, Rennrad.

Anfahrt mit dem Auto: Ma-19 nach S'Arenal.

Anfahrt mit Bus & Bahn: Mit dem Bus nach S'Arenal.

Ausgangspunkt: Wasserpark S'Arenal 39° 30' 00'' N 2° 45' 19'' O

Einkehr: Restaurante Del Sol · Avenida Miramar 3 · 07600 Llucmajor · Tel.: +34 9 71 / 44 21 86, Pizza, Pasta, Fisch, direkt in S'Arenal, tgl. geöffnet.

MIGJORN / LLUCMAJOR VI

TOURPROFIL

Abwechslungsreiche Rennradtour.

Die Rennradtour beginnt am Kreisverkehr des Wasserparks Aqualand in S'Arenal und führt zuerst immer entlang der Landstraße nach Cap Blanc. Um Gefahren zu vermeiden, empfiehlt es sich, dicht am rechten Straßenrand zu bleiben. Vorbei an der herrlichen Landschaft und mehreren Häusern radeln wir bis zum Abzweig des **Camí de sa Torre** ❶. Hier biegen wir schließlich nach links von der Landstraße ab und halten uns von nun an stets in Richtung Llucmajor. Blühende Felder, kleine Waldabschnitte und weite Ausblicke wechseln sich miteinander ab. Sobald wir auf die Landstraße von S'Arenal nach Llucmajor treffen, halten wir uns rechts und erreichen wenig später die Innenstadt von Llucmajor. Die vielen Bars und Cafeterias auf der **Plaça d'Espanya** ❷ im Zentrum laden zu einer kleinen Stärkung ein. Anschließend fahren wir vom Stadtzentrum aus zum Camí de Son Mendívil, biegen in den Camí de sa Bassola ein, überqueren die Landstraße Llucmajor–S'Aranjassa und fahren den Camí de Sa Atalaia Romanina entlang bis zur Zufahrt in der Nähe des Restaurants Can Pelín. Hier überqueren wir den Weg und kommen wieder auf den Camí de Sa Torre, von wo aus wir, nun immer bergab, den bereits vom Hinweg bekannten Weg nach S'Arenal antreten.

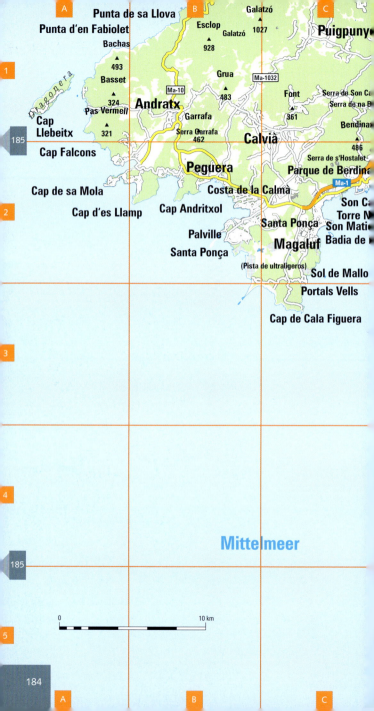

PUBLICPRESS – Die Karten mit der Sonne

ISBN 978-3-89920-063-8
€ 2,95

ISBN 978-3-89920-152-9
€ 4,95

ISBN 978-3-89920-427-8
€ 6,95

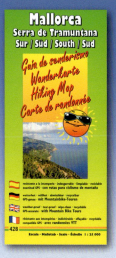
ISBN 978-3-89920-428-5
€ 6,95

Richtungsweisend!

Ihre Karten für Mallorca!

Mehr als 500 weitere Kartentitel finden Sie im Buchhandel, in Tourist-Infos und unter **www.publicpress.de**

REGISTER

Alaró	19, 60-62
Alcúdia	5, 7, 15, 16, 19, 28, 30, 33, 56, 57, 69-71, 152, 158
Algaida	19, 33, 72-76
Andratx	19, 46-49, 116, 118, 162
Artà	19, 29, 33, 88-90, 91, 158, 159, 160, 161
Ariany	19
Binissalem	13, 30, 63-64
Bon Aire	70
Bunyola	19, 62, 130, 131
Búger	19
Cabrera	15, 35, 103, 105, 178
Caimari	19, 22,
Cala D'Or	15, 107-108, 109, 110, 111, 114
Cala Rajada	19, 88, 91, 92
Calvià	19, 29, 47, 48, 93, 166, 167
Campanet	19, 67, 68
Campos	19, 21, 99-102, 103,
Can Pastilla	41
Can Picafort	6, 19, 80, 81, 82,
Cap de Formentor	6, 7, 23, 57-58, 156
Capdepera	19, 33, 90-93, 160
Colonia de Sant Jordi	19, 96, 103-105
Consell	19
Costitx	19, 33
Deià	29, 50, 51-53, 126, 128
Es Mal Pas	70
Es Plà	33, 34, 60, 72-87
Esporles	19, 170, 171, 173
Felanitx	19, 28, 29, 30, 33, 111-115
Fornalutx	33, 133, 135, 137, 174
Gènova	42
Inca	7, 19, 22, 28, 30, 33, 40, 60, 64-66, 85, 148
Llevant	22, 33, 88-95, 159
Llubí	19
Llucmajor	19, 75, 96-99, 178, 179
Lloseta	19
Magaluf	45, 122, 168
Manacor	19, 22, 33, 40, 72, 73, 85, 93-95, 160
Maria de la Salut	19
Migjorn	33, 96-115, 179
Montuïri	19, 30, 76-79
Muro	19, 28, 79-82
Orient	61-62
Palma	4, 5, 6, 7, 8, 16, 18, 19, 20, 21, 22, 25, 27, 28, 29, 33, 35, 36-45, 49, 54, 60, 61, 64, 72, 73, 85, 91, 93, 97, 99, 105, 122, 124, 132, 134, 144, 148, 170, 174
Palmanova	45, 168
Peguera	47, 166, 167, 168, 169
Petra	19, 83-85
Pollença	6, 7, 15, 19, 28, 29, 30, 33, 35, 56-59, 69, 70, 134, 144, 148, 152, 153, 154, 156, 158
Portocolm	33, 111
Porto Cristo	19, 91, 93-94, 95
Porreres	19
Port d'Andratx	46-47, 48
Port de Pollença	6, 7, 19, 57, 58, 59, 154, 156
Port de Sóller	53, 54, 55, 56, 140, 174, 175
Portol	19, 22
Raiguer	33, 60-71
Randa	74, 75, 89
Sa Calobra	54, 140, 141, 143
Sa Dragonera	15, 35, 46, 47, 116, 117, 118, 119, 121, 163
Santanyí	19, 103, 106-111
S'Arenal	4, 15, 19, 33, 41, 91, 178, 179
Sa Cabaneta	19
Santa Eugenia	29
Santa Margalida	9, 19, 81

REGISTER / BILDNACHWEIS

Santa Maria 19
Santa Ponça 47, 168
Sant Elm 47, 116, 117, 118, 119, 121, 122, 162, 163, 164, 165
Sant Joan 16, 19, 25, 29, 69, 79, 86
Sant Llorenc 19
Santuari de Cura 27
Sa Pobla 9, 19, 29, 30, 31, 33, 66-68
Selva 19
Sencelles 33
Serra de Llevant 15, 32, 105
Serra de Tramuntana 4, 11, 14, 26, 33, 40, 42, 46-59, 62, 72, 117, 119, 121, 123, 125, 127, 129, 131, 133, 135, 137, 139, 141, 143, 145, 147, 149, 151, 153, 155, 157, 163, 165, 167, 169, 171, 173, 175, 177
Ses Salines 19, 102-106
Sineu 19, 29, 31, 85-87
Sóller 8, 19, 21, 28, 29, 33, 40, 53-56, 132, 133, 134, 135, 137, 138, 139, 140, 144, 148, 174, 175, 176, 177
Son Ferrer 19
Son Servera 19, 94
Torrent de Pareis 54, 140, 141, 143
Valldemossa 19, 25, 30, 33, 49-51, 126, 127, 128, 129
Vilafranca 19, 30

Bildnachweis

Titelbild: Bucht von Portals Vells
Foto: Alicia Vanrell

ALPSTEIN Tourismus GmbH & Co. KG 6, 24
Alicia Vanrell Klappe vorne, 1, 4, 5, 12, 18, 21, 26, 28, 29, 31, 32, 34, 36, 41, 43, 53, 60, 65, 72, 73, 76, 79, 80, 84, 88, 96, 97, 101, 104, 107, 108, 111, 112, 113, 114, 116, 118, 119, 120, 121, 122, 123, 124, 129, 132, 134, 135, 136, 140, 141, 142, 144, 145, 148, 149, 152, 156, 158, 160, 162, 163, 166, 167, 171, 174, 175, Rückseite
Andrés Nieto Porras 98
Benjamí Villoslada Gil 62, 69, 87
Frank Jentsch 10, 14, 16, 22, 44, 46, 55, 56, 58, 191
Jarikir 68
KaischiB 93
Nadine Ritz 23, 28, 40
Pablo Rodríguez 50
Vix_B 37

IMPRESSUM

© 2011 PUBLICPRESS Publikationsgesellschaft mbH, Geseke
ALPSTEIN Tourismus GmbH & Co. KG, Immenstadt

Projektleitung: Heinz Nettsträter, Felix Schädler
Autoren: Timon Oberheide, Matthias Hartmann, Lisa Kügel
Redaktion: Sandra Olschewski, Jan Otten,
PUBLICPRESS Publikationsgesellschaft mbH
Thilo Kreier, Cornelia Grömminger, ALPSTEIN Tourismus GmbH & Co. KG
Kartographie/Copyright: ALPSTEIN Tourismus GmbH & Co. KG
Kartengrundlage: © Kartengrundlage 1:25.000 del Instituto Geográfico Nacional / E
Bildnachweis: Seite 191
Gestaltung: Ingo Mrozek, PUBLICPRESS Publikationsgesellschaft mbH

Der Reiseführer Mallorca ist eine Gemeinschaftsproduktion der
PUBLICPRESS Publikationsgesellschaft mbH, 59590 Geseke und der
ALPSTEIN Tourismus GmbH & Co. KG, 87509 Immenstadt.

Alle Angaben dieses Reiseführers wurden von den Autoren und Redaktionen mit größter Sorgfalt recherchiert, aktualisiert und überprüft. Für die Richtigkeit der Angaben kann jedoch keine Verpflichtung oder Haftung übernommen werden. Wir weisen darauf hin, dass diese Angaben häufig Veränderungen unterworfen sind und inhaltliche Fehler oder Auslassungen nicht vollkommen auszuschließen sind.

Das Werk einschließlich aller seiner Teile ist urheberrechtlich geschützt. Jegliche Verwertung, Vervielfältigung, Wiedergabe, Übersetzung, Mikroverfilmung und Verarbeitung in elektronischen Systemen, auch in Auszügen, ist ohne Zustimmung des Verlages unzulässig und strafbar.

Liebe Leserinnen, liebe Leser,
haben Sie Ergänzungen, Tipps oder Verbesserungsvorschläge zu diesem Buch? Dann schreiben Sie uns bitte:
PUBLICPRESS Publikationsgesellschaft mbH,
Redaktion, Mühlenstraße 11, 59590 Geseke
Internet: www.publicpress.de, E-Mail: reisefuehrer@publicpress.de
Printed in Germany
1. Auflage 2011, ISBN 978-3-89920-995-2

Interessenten für Anzeigen wenden sich bitte an: PUBLICPRESS Publikationsgesellschaft mbH, Tel. 0 29 42 / 9 88 70-16, info@publicpress.de